www.tredition.de

Für meinen Mann Michael und meine Kinder Max, Ronja und Robin,

In Liebe Sabine,

Friedrichsdorf im Mai 2016

www.tredition.de

© 2016 Sabine Pitschula

Verlag: tredition GmbH, Hamburg

ISBN
Paperback: 978-3-7345-2884-2
Hardcover: 978-3-7345-2885-9
e-Book: 978-3-7345-2886-6

Printed in Germany

Sabine Pitschula

Die Personal Awareness Methode

PAM - Darf´s ein Löffel mehr sein?

PAM!

DARF´S EIN LÖFFEL MEHR SEIN?

Wie du als chronisch kranker Mensch deine
Lebensqualität und
deine psychische Stabilität mit der
Personal Awareness Methode
Wieder gewinnen kannst!

Inhalt

DIE LÖFFEL THEORIE

Meine beste Freundin und ich trafen uns wie immer einmal im
Monat zum Mädels-Abend in einem kleinen Kaffee. Wie die
meisten Mädels in unserem Alter verbrachten wir die Zeit damit,
uns über Männer und die neueste Mode und all dieses unwich-
tige Zeug zu unterhalten, wirklich ernsthaft wurden unsere Ge-
spräche selten, wir hatten einfach nur Spaß und lachten viel zusammen.

Als ich ein paar meiner Tabletten nach dem Essen einnahm, so
wie normalerweise, schaute sie mir zu, ohne das Gespräch fort-
zuführen. Dann fragte sie mich einfach so, wie es sich anfühlen
würde, Lupus zu haben und krank zu sein wie ich. Ich war über-
rascht, nicht nur wegen dieser plötzlichen Frage, sondern auch,
weil ich annahm, sie wüsste längst alles, was es über Lupus zu
wissen gibt. Sie war bei meinen Besuchen in der Klinik dabei,
hatte meine Müdigkeitsanfälle mitgemacht, gesehen wie ich mich
in fremden Badezimmern übergeben musste und mich zahllose
Male getröstet, wenn ich vor Verzweiflung geheult hatte. Was
gab es da noch zu wissen?

Ich begann über die Medikamente zu sprechen, die Schmerzen
und vieles mehr, aber sie schien mit meiner Antwort nicht zufrieden zu sein. Sie schaute mich mit diesem Blick an, mit dem
kranke Menschen oft angesehen werden, pure Neugier über etwas, das man sich als gesunder Mensch nicht vorstellen oder
verstehen kann. Sie fragte mich, wie es sich anfühlen würde,
nicht physisch, sondern grundsätzlich, ich zu sein, ich und der
Lupus.

Ich versuchte Haltung zu bewahren und schaute mich fragend
um Ich versuchte die richtigen Worte zu finden. Wie sollte ich
eine Frage beantworten, die ich nicht einmal für mich selbst wirklich beantworten konnte?

Wie sollte ich jedes Detail von jedem Tag an dem man als Be-
troffener mit der Krankheit kämpft, wiedergeben?

Und wie sollte ich die Emotionen erklären, die ein Kranker jeden
Tag durchlebt?

Ich hätte einfach einen Witz darüber machen können, so wie

schon oft, aber wenn ich nicht mal meiner besten Freundin erklären kann, was es heißt mit Lupus zu leben, wie sollte ich es dann jemals einem anderen Menschen erklären?

In diesem Moment wurde die Löffel Theorie geboren. Ich schnappte mir schnell alle Löffel auf dem Tisch, ich griff sogar nach den Löffeln auf anderen Tischen.

Ich sah sie an und sagte: Bitte sehr, stell dir vor, jetzt hast du Lupus. Sie sah mich etwas verwirrt an, so wie jeder, dem aus dem nichts eine Hand voll Löffel gegeben wird.

Ich erklärte ihr, dass der Unterschied zwischen einem kranken und einem gesunden Menschen darin besteht, Entscheidungen zu treffen.

Oder besser gesagt darin, sich bewusst über Dinge Gedanken machen zu müssen, während der Rest der Welt dies nicht tun muss. Die Gesunden haben sozusagen den Luxus ihr Leben ohne solche Entscheidungen leben zu können, eine Tatsache, die vielen nicht bewusst ist und die viele nicht zu schätzen wissen.

Die meisten Menschen starten den Tag mit einer Unmenge an Möglichkeiten und Energie um das zu tun, was sie gerade möchten, besonders junge Menschen.

Für die meiste Zeit müssen sie sich über Folgen ihrer Entscheidungen keine großen Gedanken machen. Und um diesen Punkt verständlich zu machen, benutzte ich die Löffel. Ich wollte, dass meine Freundin etwas Reelles in den Händen halten konnte, was ich ihr wegnehmen würde, da die meisten Menschen nach einer schwerwiegenden Diagnose den Verlust des Lebens, wie sie es kannten verspüren.

Wenn ich ihr die Löffel wegnehmen würde, dann hätte sie eine Vorstellung davon, wie es sich anfühlt, wenn jemand oder etwas wie der Lupus plötzlich die Kontrolle übernimmt.

Ich bat sie, die Löffel zu zählen und sie fragte warum.

Daraufhin erklärte ich, dass man als gesunder Mensch unbewusst davon ausgeht, dass man einen unerschöpflichen Nachschub an Löffeln zur Verfügung hat.

Aber wenn du nun deinen Tag planen würdest, dann müsstest du genau Bescheid wissen, wie viele Löffel dir am Anfang zur

Verfügung stehen.

Es gibt keine Garantie, dass dir nicht ein paar Löffel auf dem Weg verloren gehen, aber zumindest hast du eine ungefähre Idee, mit wie vielen du beginnst.

Sie zählte 12 Löffel. Sie lachte und sagte sie wolle mehr haben. Ich enttäuschte sie und sagte Nein, und wusste, dass meine Idee funktionieren würde, obwohl wir noch nicht einmal begonnen hatten.

Ich wollte seit Jahren mehr Löffel und hatte bis jetzt noch keinen Weg gefunden, mir neue zu verschaffen, warum sollte sie dann mehr bekommen?

Ich sagte ihr auch, dass sie sich nun immer bewusst sein müsste, wie viele Löffel sie noch habe und sie dürfte auch keine fallen lassen, denn ab jetzt würde sie nie vergessen, dass sie Lupus hat.

Ich bat sie, die Dinge aufzuzählen, die sie den Tag über verrichtet, auch die unwichtigen. Sie begann sofort los zu plappern und nannte Arbeit und Haushalt und Freizeitaktivitäten und so weiter. Ich erklärte Ihr, dass sie jede einzelne Sache einen Löffel kosten würde. Als sie ihre Aufgaben zeitlich ordnete und mit dem Fertigmachen für die Arbeit anfing, unterbrach ich sie und nahm einen Löffel weg. Ich sagte: Nein, du machst dich nicht einfach für die Arbeit fertig.

Du wachst auf und realisierst, dass du nach 8 Stunden Schlaf immer noch müde bist, du schaust auf die Uhr und bemerkst, du bist spät dran. Du stehst langsam auf und machst dir erstmal einen Snack bevor du irgendwas normales anderes machen kannst, damit dein Kreislauf in Schwung kommt und du deine Medikamente nehmen kannst.

Denn wenn du das nicht tust, kannst du gleich alle deine Löffel abgeben und ein paar für den nächsten Tag noch dazu.

Ich nahm ihr einen weiteren Löffel ab und sie realisierte, dass sie sich noch nicht einmal angezogen hatte.

Duschen kostete auch eine Löffel, nur fürs Haare waschen und Beine rasieren. Alles aus dem Schrank raus zu holen und eine Kleiderwahl zu treffen würde eventuell mehr als einen Löffel kosten, aber ich wollte sie nicht gleich überfordern. Ich erklärte ihr also, wie jede Aufgabe in kleinere Schritte zerlegt werden müsste und viele Details bedacht werden müssen.

Du ziehst dir nicht einfach etwas an, du hast Lupus und musst das gut durchdenken. Ich erklärte ihr, wenn an dem Tag meine Gelenke schmerzen ist alles mit Knöpfen aus dem Rennen; wenn die Sonne zu stark scheint, brauche ich was mit langen Ärmeln, aber nicht zu warm; wenn ich mich kränklich fühle, muss ich für Kälte- und Hitzewellen gleichermaßen ausgerüstet sein. Extra Zeit im Bad, um mich präsentable herzurichten, und noch mal 5 Minuten, weil ich mich ärgere, dass die Prozedur wieder so lange gedauert hat.

Ich glaube sie begann zu begreifen, dass sie theoretisch noch nicht einmal auf der Arbeit war und nur noch 6 Löffel übrig hatte. Ich erklärte ihr, dass es wichtig ist, den restlichen Tag bedacht zu planen, denn wenn deine Löffel weg sind, sind sie weg. Manchmal kannst du dir von dem morgigen Vorrat etwas ausborgen, aber stell dir vor, wie schwierig dann der nächste Tag werden wird, wenn du den Verlust ausbalancieren musst. Ich musste ihr auch deutlich machen, dass ein Lupus Patient immer mit der Gefahr rechnen muss, dass er sich morgen eine Erkältung holt oder eine Infektion einfängt oder ähnlich Gesundheitsgefährdendes passiert.

Also willst du nicht mit wenig Löffeln auskommen müssen, da du nie weißt wann du sie mal brauchst. Ich wollte sie nicht deprimieren, aber für mich bedeutet ein normaler Tag, dass ich immer für den schlimmsten Fall ausgerüstet sein will. Wir gingen den restlichen Tag durch und ihr wurde klar, dass ein ausgefallenes Mittag einen Löffel kosten würde oder sich zu lange am Computer zu konzentrieren, genauso wie 10 Minuten auf der Fahrt nach Hause im überfüllten Bus zu stehen.

Jetzt war sie gezwungen, ihre Entscheidungen zu überdenken und anders zu handeln, als sie es gewohnt war. Hypothetisch gesehen, musste sie viele ihrer geplanten Besorgungen streichen, um abends genug Löffel für das Abendbrot und das Zubettgehen übrig zu haben.

Als wir am Ende ihres Lupus-Tages angekommen waren sagte sie, sie hätte sicher Hunger.

Ich zählte zusammen und antwortete ihr, dass sie nur noch zwei Löffel übrig hätte. Wenn sie jetzt kochen wolle, hätte sie nicht mehr genug Energie um den Abwasch zu machen, würde sie außerhalb essen, wäre sie eventuell zu müde um sicher nach Hause zu kommen. Ich sagte ihr auch, dass ich gar nicht dazu gerechnet hätte, dass sie nach dem Arbeitstag wahrscheinlich so kaputt wäre, dass Abendessenkochen gar nicht in Frage kommen würde. Also entschied sie sich für eine schnelle Tütensuppe.

Mit einem Löffel übrig könnte sie jetzt noch etwas leichte Hausarbeit machen, mit ihrem Freund eine Runde Karten spielen oder ein Bad nehmen, aber sie könne nicht alles tun, sie müsse sich entscheiden.

Ich hatte sie nur selten sehr emotional gesehen und ich wollte sie auch nicht zu sehr beunruhigen, aber ich hatte nun das Gefühl, dass ich etwas erreicht hatte und sie mich besser verstehen würde. Sie fragte mich leise Wie schaffst du das nur? Machst du das wirklich jeden Tag durch?

Ich erzählte ihr, dass manche Tage leichter sind, an manchen geht alles etwas schwerer und an einigen Tagen habe ich mehr Löffel als an anderen.

Aber ich kann diesen Umstand nie ungeschehen machen und ich kann den Lupus nie vergessen. Ich gab ihr einen Löffel, den ich in Reserve hatte und sagte: Ich habe gelernt mein Leben zu leben und immer einen Reserve-Löffel in der Tasche zu haben. Man muss immer vorbereitet sein.

Es ist schwer, eigentlich das schwerste für mich, lernen zu müssen, dass man einen Gang zurück schalten muss und nicht all das tun kann, was man möchte. Ich kämpfe jeden Tag darum.

Ich hasse es, mich ausgeschlossen zu fühlen. Ich hasse es mich dafür entscheiden zu müssen zu Hause zu bleiben und nicht all die Dinge erledigen zu können, die ich erledigen will.

Meine Freundin fühlte die Frustration mit mir. Ich wollte, dass sie versteht, dass das, was man normalerweise tut, wenn man gesund ist, für mich bedeutet, tausend kleine Aufgaben auf einmal zu erledigen.

Ich muss über das Wetter, die Temperatur und den gesamten

Tagesplan nachdenken, bevor ich den Tag in irgendeiner Weise beginnen kann. Wenn andere die Dinge einfach tun, muss ich eine Strategie aufstellen, als würde ich in die Schlacht ziehen.
Es ist diese Lebensweise, die einen gesunden Menschen von einem Lupus Patienten unterscheidet.
Es ist diese wunderbare Freiheit nicht nachzudenken, sondern einfach zu tun. Das vermisse ich sehr.
Wir redeten noch eine Weile darüber und ich glaubte, dass sie mich jetzt verstand. Wahrscheinlich würde sie nie wirklich nachvollziehen, was es heißt mit Lupus zu leben, aber vielleicht würde sie sich jetzt nicht mehr so oft beschweren, wenn ich mich nicht spontan zum Dinner mit ihr treffe, oder ich ihr versprochen habe vorbei zu kommen, nur um sie dann kurzfristig zu bitten doch zu mir zu fahren. Wir umarmten uns und als wir das Kaffee verließen gab ich ihr einen Löffel und sagte: Mach dir keine Sorgen, ich sehe das als ein Geschenk, denn ich bin dazu gezwungen, mir über jede meiner Entscheidungen Gedanken zu machen. Kannst du dir vorstellen wie viele Löffel die Menschen jeden Tag verschwenden? Ich habe keinen Platz für verschwendete Zeit, oder verschwendete Löffel. Und ich habe mich entschieden, heute Abend mit dir zu verbringen. Seit diesem Tag sprechen wir oft über meine Löffel, sie sind zu einem Symbol für mein Leben mit dem Lupus geworden. Und jedes Mal, wenn ich Zeit mit meiner Familie, oder meinen Freunden verbringe, sehen sie das als besonders, denn Sie haben einen meiner Löffel bekommen.
Quelle: unbekannter Verfasser

Kapitel 1. Die Einleitung und wie es zu dem Konzept kam

Ich bin seit 2009 an einer seltenen, derzeit unheilbaren und oft tödlich verlaufenden Erkrankung des Immunsystems erkrankt. Zunächst begann alles ganz diffus mit Entzündungen der Sehnen und Schmerzen; Durchfällen und vor allem in Folge von Infekten oder körperlichen Belastungen mit starker Erschöpfung und dem Gefühl angeschwollen zu sein.

Ich wurde daher zunächst zur Schmerztherapie und zur Psychotherapie geschickt. Dabei wurde ganz übersehen das bestimmte Blutwerte aus dem Ruder gelaufen waren und ich Fehlstellungen und Verformungen der Wirbelsäule und der Füße hatte. Ganz schnell und ganz ohne MRT und Magen/ Darmspiegelung hieß es dann „funktionelle Beschwerden" – ich war also auf die Psychoschiene abgeschoben.

Meine Beschwerden wuchsen sich mit der Zeit zu Arthrosen aus und die Nichtbehandlung der zugrunde liegenden systemischen Mastozytose gipfelte in mehrere Autoimmun Erkrankungen. Trotz meines Berufes als Reha - Sportlehrerin und Präventionstrainerin mit eigenem Body - Mindfulness Konzept, konnte ich es nicht verhindern, dass ich immer mehr erkrankte. 2014 wurde dann ein Tumor neben der Aorta entdeckt, da dieser zu den seltenen Tumoren gehörte, fühlte sich über ein Jahr hier kein Arzt berufen zu handeln, bis ich dann an fähige und kompetente Ärzte geriet und endlich Maßnahmen ergriffen wurden. So sollte ich operiert werden. Hierzu sollte das Brustbein eröffnet werden um den Tumor zu entfernen und danach genau sagen zu können welche Art Therapie zu einer Verlängerung des Lebens oder einer Verbesserung der Lebensqualität führen würden.

Ich wollte aber trotz allem nicht hinnehmen, dass man dem Leben keine „Extra" Löffel abringen kann und entwickelte aus dieser Not heraus das Konzept um mir wenigstens Selbst zu helfen, wenn es denn schon kein Arzt tat.

Ich war in meiner Jugend Leistungsturnerin und später Läuferin (Halbmarathons), nachdem die Erkrankung ausbrach konnte ich wegen der Trainingspausen zunehmend weniger und wurde langsamer und mit der Zeit nahm ich natürlich auch Gewicht zu. Dies fand keiner meiner betreuenden Ärzte auffällig – ich schon, aber ich war ja in der Psychokiste, also wurde ich erst einmal nicht mehr ernst genommen. Psychopharmaka, Cortison und teure Schmerzmittel sowie Chemotherapeutika wurden mir großzügig verschrieben, sinnvolle und in meinem Fall gut anschlagende Naturheilkonzepte wurden nicht gezahlt und nur belächelt.

2015 wog ich schließlich 95 Kilo und konnte keine 500 Meter mehr schmerzfrei und ohne Atemnot gehen.

Als mir das bewusst wurde startete ich im Januar 2016 mit diesem Konzept um mich wieder aufzubauen und auch um Gewicht zu verlieren. Ich wollte Zusatzlöffel, wenn es auch nur einen pro Tag mehr geben könnte wäre das bereits ein Gewinn. Zusätzlich zahlten wir - privat - eine anthroprosophische Therapie.

Ich wollte mehr Bewegung in mein Leben integrieren – aber jedes gängige Sportprogramm konnte ich gar nicht durchhalten, weil ich viel zu krank und schwach war. Eine Ernährungsumstellung musste dringend sein, aber ohne Diät und ohne Überforderung, denn mein Körper reagierte aufgrund der Mastzellenerkrankung auf übermäßige körperliche Anstrengung oder jede Aufregung sofort mit extremen Ausfallerscheinungen.

So startete ich also mit drei Kräftigungsübungen, drei Mobilitätsübungen und dem Vorsatz täglich eine halbe Stunde raus zu gehen.

Ernährungstechnisch wollte ich mit einer Tasse Brühe, einem Eiweiß Shake oder Smoothie mit Flohsamen und Erdmandel sowie

Heilerde in den Tag starten. Mittags normal essen und abends eher gekochtes Gemüse, Brühe oder Fleisch.

Verzicht auf Milchprodukte, Weizen und Brot sowie Backwaren, Schweinefleisch und Wurstwaren sowie Zusatzstoffe, Hefe, Soja und Alkohol weil diese Speisen viel Histamin haben und durch die Mastzellenerkrankung eine histaminarme und laktosefreie Ernährung empfohlen wurde. Zucker wollte ich reduzieren.

Der Anfang war hart, die ersten drei Wochen war ich dauerhaft müde und nur erschöpft und mein Hunger auf Zucker, Torte und Fleisch war suchtartig. Die Erschöpfung und Müdigkeit war unbeschreiblich – Zombie – das trifft es am ehesten.

Danach wurde es leicht zumal sich erste Erfolge einstellten.

Im Februar hatte ich die ersten fünf Kilo weg und im April waren es dann bereits 11 Kilo.

Nun sollen noch weitere 5 – 7 Kilo folgen.

Nebeneffekt des ganzen war, das ich bei der Blutabnahme im März, fast alle Werte im Normbereich hatte. Ich konnte meine Medikamente von 10 auf zwei reduzieren, da einige der naturheilkundlichen Präparate die Medikamente ersetzten mit dem für mich wunderbaren Nebeneffekt das die Nebenwirkungen, die ich durch die Medikamente in Kauf nehmen musste wegfielen.

Meine Schmerzen waren deutlich gebessert, meine Luftnot deutlich weniger und vor allem mein fürchterlicher Blähbauch gehörte der Vergangenheit an und ich konnte endlich wieder Jeans tragen.

Als dann die Erschöpfung weg ging und ich mittags nicht mal mehr einen Mittags Schlaf benötigte wurde es mir selbst unheimlich.

Natürlich wurde ich dann etwas zu mutig und renovierte die halbe Wohnung, was dann zu der erleichternden Erkenntnis führte, dass ich nicht wunder geheilt war, sondern bei entsprechender Arbeitsbelastung (aufgrund der mittlerweile durch ein MRT bestätigten, orthopädischen Probleme) eben doch der Schmerz und die Erschöpfung zurück kehrten und die Achtsamkeit und das alltägliche

Üben immer zu meiner täglichen Disziplin gehören mussten, da sich mein gesundheitlicher Zustand eben dann doch wieder verschlechtern konnte.

Dieses Konzept wollte ich nun auch in eine Form bringen um das Fachwissen was ich beruflich durch meine Tätigkeit als Lehrerin für Reha - Sport und Dozentin der Volkshochschule einerseits mit dem was ich durch viele Patienten und vor allem meine „Leidensgenossen" mit autoimmunen Erkrankungen erfahren hatte zu verbinden und weiterzugeben.

Über den Austausch mit ähnlich Betroffenen, erarbeitete ich mir sehr viel Fachwissen über diverse Autoimmunerkrankungen und die Einschränkungen die dies für Betroffene bedeutet.

Da ich 2012 im Internet eine Selbsthilfegruppe für autoimmun Erkrankte gründete, konnte ich aus den Berichten dort und den immer wieder ähnlich klingenden Geschichten lernen, das viele meiner Leidensgenossen oft völlig falsch behandelt wurden und sich zum größten Teil von den Schulmedizinern nicht ernst genommen fühlten.

Birgit berichtete das ein Arzt sie über seine Brille hin mit verständnislosem Blick betrachtete und dann sagte ...:" *Auch ein bißchen Hypochondrisch oder?"*

Ein Großteil, ging irgendwann nicht länger zum Arzt oder hatte durch die Nebenwirkungen von Medikamenten eine große Einbuße der Lebensqualität hin zu nehmen, sehr viele wanderten zur Komplementären Medizin oder behandelten sich selbst so gut es eben ging.

Isabelle berichtete folgendes: Im Arztgespräch entgegnete der mittlerweile gereizte Arzt:

„Nö - das kann ich mir nicht vorstellen. Wenn die Ärzte hier in Deutschland so schlecht sind gehen sie doch nach England oder die USA. Ihre Aussagen machen keinen

Sinn. Das glaube ich ihnen nicht. Sie haben ja Neurodermitis dann sind sie eh seelisch im Ungleichgewicht."

Ich erkannte die Verzweiflung und die Not die hinter vielen Geschichten stand.

Ich wollte dem ganzen Leid und dem Frust etwas entgegen setzen, so kam der Plan mein berufliches Wissen mit dem Wissen welches ich durch den Austausch von den vielen tollen Menschen gelernt hatte zu verknüpfen und ein Konzept zu erstellen, wodurch ein Mehr an Lebensqualität und Lebensfreude zurück erobert werden kann, allein um sich nicht der Erkrankung hilflos gegenüber zu sehen. Zumal die Ärzte oft diese Erkrankungen falsch einschätzen und wegen ihrer Seltenheit überhaupt keine „lebenden Beispiele" kennen und es zu wenige Experten gibt. So z.B. der Fall von Doreen die an einer seltenen aber derzeit unheilbaren und im Falle von Beteiligung von Lunge oder Niere auch tödlich verlaufenden Erkrankung leidet, ihre Angst und Sorge hat kein Arzt gut aufgegriffen, sondern bei jedem Arztbesuch bekam sie zu hören :" *schön, das es Ihnen dementsprechend besser geht !"*

Beeinflusst wurde das Konzept natürlich von den komplementärmedizinischen Therapien die ich mit großem Zuwachs an Lebensqualität durchlief. Ganz besonders gut fühlte ich mich im Bereich anthroposophischen Therapie und TCM. Diese beiden Richtungen haben eine andere Sichtweise auf Erkrankungen und eines der oft führenden Symptome bei autoimmunen Erkrankungen ist eine starke Erschöpfung. Dieses „Syndrom" kennt die Schulmedizin höchstens als CFS. Weil auslösende Faktoren wie Arbeitsüberlastung allein den Erschöpfungszustand, nicht befriedigend erklären, der Zusammenhang mit Infekten und Entzündungen laborchemisch in der Regel nicht zu fassen ist, wird das CFS von vielen Ärzten, Behörden, Rentenversicherungen nicht als eigenständiges Krankheitsbild anerkannt. Stattdessen werden die Kranken als arbeitsscheu oder psychisch gestört abqualifiziert, was eine schwere Stigmatisierung für die Betroffenen bedeutet. Die stereotype Reaktion vieler Ärzte: "Röntgen -- kein Befund, Labor -- kein Befund, dann wird es wohl die Psyche sein" beleidigt natürlich. Eine Besonderheit der alternativen Medizin ist, dass sie die Symptomsprache des Menschen ernst nimmt und interpretiert. Eine weitere Eigenart besteht darin, dass sie Krankheitsentwicklungen, ganz besonders aber klinisch stumme Entwicklungsphasen vor dem eigentlichen Ausbruch der Krankheit ernst nimmt und analysiert. Diese Denkrichtung lehrt, dass Fehlentwicklungen der immunologischen Steuerung, meist von wiederholt nicht "erfolgreich" durchgestandenen Infekten ausgehen, d.h. Erkrankungsschübe häufig durch Infekte ausgelöst werden. Für die alternative Medizin handelt es sich dabei und auch bei vielen anderen autoimmunen Erkrankungen, also um Immunstörungen. Leider ist die Therapie für den gesetzlich versicherten kaum erschwinglich, da alle Arztkosten und weitere Kosten als Selbstzahler getragen werden müssen und so kommen schnell im Quartal einige Hundert bis hin zu tausend Euro zustande. Da man bei einer chronischen Erkrankung damit rechnen muss, das es einige Jahre dauert bis man eine Stabilisierung des Immunsystems erreichen kann ist eine sinnvolle Strategie für den normalen Kassenpatienten hier nicht zu erwarten. Schande über unser Kassensystem!! Im Anhang nenne ich einige Links, wo man sich über Therapien informieren kann, die ganz normal über das Krankenkassensystem abgerechnet werden können.

Hier möchte ich noch eine Anekdote von Evelyn einfügen, die sehr stark mit „Fatigue" zu kämpfen hatte und daraufhin die Arzterfahrung schilderte: *„Arztgespräch zum Thema Müdigkeit: Arzt: das ist normal, es leiden viele an Frühlingsmüdigkeit. Und Evelyn entgegnete trocken: seit Herbst?!"*

Offensichtlich waren im Vorfeld Blutwerte die auffällig waren nicht weitergegeben worden, da der Arzt die Patientin nicht verunsichern wollte, oder vielleicht auch weil die Werte so selten waren, das er möglicherweise etwas Arbeit und Mühe hätte investieren müssen und aufgrund Überlastung nicht konnte. Möglicherweise sind Ärzte mit Patienten der seltenen Erkrankungen aber auch so, weil sie eben hier nicht helfen können und genau die Ohnmacht spüren, die auch viele Patienten in den ersten Jahren der Diagnose haben.

Aber weiter mit der Geschichte wie diese Methode entwickelt wurde.

Bei der Auswahl der Übungen für die Personal Awareness Methode, habe ich Übungen aus der Meridian Gymnastik mit sinnvollen Trainingsmethoden aus unseren westlichen bekannten Bewegungsbezügen kombiniert. Dies führt dazu, das man sich oft nach diesen Übungen sehr Energiegeladen und frisch fühlt.

So kommt es zu einer Methode die wie ein Baukasten in jeder Phase einer chronischen Erkrankung zusammengestellt werden kann und so von bettlägerig bis Fit geübt werden kann.

In Kombination mit einfachen Methoden des Selbst – Coaching um Veränderungen im Bewegung- und Ernährungsverhalten herbeizuführen sollte das Konzept einfach und flexibel sein und vom Krankenbett bis auf Reisen überall anzuwenden. Es sollte in einem hohen Maße die eigene Selbstwirksamkeit stärken, d.h. der Ohnmacht und Verzweiflung entgegen wirken, die oft durch chronische Erkrankungen bzw. die erforderlichen schulmedizinischen Behandlungen entstehen.

Als Bild ist mir dabei wichtig, das ein jeder der Regisseur der eigenen Lebensgeschichte ist und das kostbarste was du hast Deine Lebenszeit ist. Die gilt es mit Lebensqualität zu füllen, Rollen sind zu besetzen das bedeutet Prioritäten zu setzen, wer spielt eine bedeutsame Rolle und wer nur eine Statisten Rolle.

Dies bedeutet Entscheidungen zu treffen. Was soll im Drehbuch deines Lebens denn Erwähnung finden? Was soll betont werden und was vielleicht überhaupt nicht erwähnt werden.

An jedem Punkt in deinem Leben, egal wie verfahren die Situation vielleicht auch erscheinen mag, kannst du damit beginnen und dementsprechend so wieder und wieder aufs Neue beginnen. Die Disziplin dafür musst du natürlich selbst aufbringen oder eben im Zusammenschluss von Betroffenen, die ähnliche Kämpfe führen, holen!

Kapitel 2. Die Standortbestimmung und dein Navi für die nächsten Wochen

Nach einer Standortbestimmung und Bestandsaufnahme ist ein Training bzw. die Übung neuer Verhaltensweisen erforderlich.

Training ist ein Prozess, indem durch regelmäßige, systematische und zielgerichtete Wiederholung oder Durchführung einer körperlichen Belastung, ein Anpassungseffekt entsteht. **Ziel ist dabei eine gesteigerte Leistungsfähigkeit des Trainierenden.** Der Prozess ist dabei sehr komplex und bedingt durch die Wechselwirkung verschiedener Trainingsgrundsätze und Gesetzmäßigkeiten. Im klassischen Leistungssport und auch im gesellschaftlichen Leben und im Beruf zielt das immer auf die Steigerung von Leistung oder das Erreichen von Zielen.

Im Bereich Präventionssport und Rehabilitationssport geht es dann bereits eher um die Vermeidung von Erkrankung bzw. die Wiederherstellung von körperlicher Leistungsfähigkeit.

Ein chronisch kranker Mensch muss sich an der Stelle klar werden, das alle üblichen Konzepte eher ungeeignet sind und eine sehr ganzheitliche und individuelle Herangehensweise erforderlich ist um die Lebensqualität zu verbessern und nicht das Gegenteil zu erreichen.

Normale Trainingspläne in Fitness Studios oder beim Personal Trainer, sehen immer ein festes Maß an Trainingseinheiten oder feste Trainingszeiten sowie die stetige Steigerung der Leistung vor.

Ein Mensch mit einer chronischen Erkrankung (vor allem Menschen mit autoimmunen Erkrankungen) kann da oft schlecht mithalten und der Frust ist vorprogrammiert.

So habe ich oft von Menschen gehört, das ihnen durch die „aufgezwungenen" Maßnahmen der Kassen oder Reha- Einrichtungen, regelrecht der Mut zur Bewegung oder zur Ernährungsumstellung und vor allem die Freude daran vergangen ist.

Daher muss ein chronisch kranker sich immer an seiner individuellen Situation und weniger an fixen Trainingsplänen orientieren. Hierzu ist ein hohes Maß an Achtsamkeit und Körperwahrnehmung erforderlich.

Der Weg zu einem individuellen und für dich stimmigen Programm geht also über eine „Selbstbeobachtung". Du lässt dich also für eine begrenzte Zeit (vielleicht schaffst du es eine Woche, es reichen aber bereits drei bis vier Tage) darauf ein, deine Gewohnheiten und dein Verhalten zu beobachten.

Du benötigst dazu:

Schrittzähler, Fitness Armband oder einfach ein smart Phone mit der Google Fit App.

Willst du deine Ernährung verbessern auch ein Programm wo du ein Ernährungstagebuch führen kannst (z.B. Samsung Health App oder Lifesum, Noom Coach). Möglicherweise hat deine Krankenkasse auch eine Art online Coach den du hierzu nutzen kannst. Es sollte aber eine Möglichkeit sein, die dir abends auf einem Blick rückspiegelt, ob du mehr Kalorien aufgenommen hast als du verbrannt hast und in welchen Anteilen Fett/ Kohlehydrate und Eiweiss verteilt sind, weil du nur so bemerkst wie deine Bilanz von aufgenommenen und „abgearbeiteten" Kalorien aussieht und wie du Eiweiß, Fett und Kohlehydrate verteilst.

Schreib deine Beobachtungen auf und schau dir die Ergebnisse an. Meist fällt dabei bereits sehr extrem auf das es Abweichungen gibt, die förmlich nach Veränderung schreien!

Danach machst du deinen Plan.

Solltest du im Rhein- Main- Gebiet wohnen kannst du gerne einen meiner Prävention - Kurse besuchen (VHS Friedberg oder verschiedene Sportvereine).

Ein Bestandteil meiner Kurse ist die Bestandsaufnahme und die sinnvolle deiner Situation angemessenen Trainingsplanung.

Für die ersten Interessenten werde ich im Rahmen einer Facebook Gruppe ein drei Wochen Programm zur Begleitung dieses Buches anbieten.

Die **Bestandsaufnahme**:

1. eine Woche konsequente Erfassung deiner Ernährungsgewohnheit (am besten mit einer der zahlreichen kostenfreien Apps).
2. Eine Woche konsequentes aufzeichnen deiner Bewegung und deines Schlafes mit einem Fitnessband, Schrittzähler oder deinem Smart Phone.
3. Vertraut machen mit der Borg Skala und Pulsmessen um einen Abgleich deiner Empfindung mit den Vitalwerten zu erhalten und dich so zunehmend besser selbst einschätzen zu können.
4. Herantasten an die Achtsamkeitsübungen und Atemübungen.

Danach kannst du dir aus den von mir zusammengestellten Übungen einen Plan machen.

Der Plan:

Täglich solltest du folgendes in deine Tagesroutinen einbauen:

Mehrmals am Tag z.B. morgens nach dem Aufstehen und abends vor dem zu Bett gehen, je eine Übung aus dem Bereich Koordination, eine Atemübung und eine Achtsamkeitsübung.

Diese Übungen dienen direkt der Harmonisierung von Herzrhythmus und Atemfrequenz und lassen dich zunehmend ruhiger und gelassener werden. Sie stärken dein Körperbewusstsein und auf lange Sicht deinen Selbstwert.

Fünf bis Fünfzehn Minuten täglich ein Gymnastikprogramm bestehend aus vier bis acht Übungen aus dem Kraft und Mobilisationsprogramm. Dies kannst du auch machen während du z.B. im Krankenhaus bist oder im Sitzen auf einem Stuhl (oder Sitz Ball). Im besten Fall kannst du es in ein Zirkeltraining steigern, wo du die vier Kräftigungsübungen immer für 20 Sekunden wiederholst, dann zehn Sekunden Pause machst um schließlich die vier Übungen dreimal zu wiederholen. Diese Art Training hat ein Japaner namens Tabata erfunden und in Fachkreisen wird gemunkelt das dieses Training die Effektivität eines 45 Minuten Waldlaufes hat.

Exkurs: Die Borg Skala

Lerne dein subjektives Belastungsempfinden einschätzen indem du es mit den Vitalparametern Herzfrequenz und Atmung in Verbindung bringst

Der schwedische Physiologe Gunar Borg hat eine einfache Messmethode entwickelt. Auf der Borg-Skala wird das individuelle Belastungsempfinden in den Zahlen von 6 bis 20 angegeben. Der Skalenwert kann mit 10 multipliziert werden und entspricht dann in etwa der Herzfrequenz (mit individuellen Unterschieden). Dies ist wichtig da sich bei regelmäßig zu geringer Anstrengung zu wenig positive Trainingseffekte einstellen. Eine dauernd zu intensive Belastung kann allerdings auch negative Konsequenzen zur Folge haben. Bei einer Trainingsbeanspruchung zwischen den Punkten 10-13 Punkten kommt es zu einer guten Entwicklung der Ausdauer. Zwischen 14-16 Punkten wird deine Leistungsfähigkeit optimiert. Alles was über 15/16 hinaus geht ist für Menschen die im Rehabilitationsbereich trainieren kontraindiziert. Zu Anfang deines Trainings, sollte ein Wert von 13 auf der Borg-Skala nicht überschritten werden.

Die Herzfrequenz zeigt den Grad der körperlichen Belastung an

Die Messgrösse für die Einschätzung einer Beanspruchung ist die Herzfrequenz (HF). Fühl deinen Puls oder miss mit Herzfrequenz-Uhren oder Fitness Armbändern wie z.B. das MiFit Band. Der Wert auf der Borg Skala:

6 und 7 bedeutet das du eine sehr, sehr leichte Anstrengung hast, dabei hast du ungefähr 15-20 Atemzüge pro Minute der Puls sollte nicht über 100 gehen.

8-10 bedeutet daß du eine leichte Anstregung spürst, der Atem sollte tief und bei 20 Atemzügen pro Minute liegen, der Puls sollte nicht über 120 gehen.

11-12 ist eine mäßige Belastung bei ca. 22 Atemzügen und einem Puls bis 130.

12-14 ist eine mittlere Auslastung oder Anstrengung bei 23-34 Atemzügen und Puls bis 140.

15-16 zeigt dir eine deutliche Anstrengung bei Atemzügen bis 35-44 und der Puls darf hier bis 180 hoch gehen.

17 und mehr, ist sehr anstrengend bis sehr sehr anstrengend und sollte vermieden werden. Die Atmung läge hier bei über 45 Atemzügen pro Minute und der Puls würde bis zur Maximalbelastung hoch gehen oder auch darüber.

Quelle: mobilesport.ch; Borg Skala dort unter http://www.mobile-sport.ch/wp-content/uploads/2011/06/Hilfsmittel_esa_1_d.pdf

Einmal täglich solltest du deinen Puls auf 60-80% deines Maximalpulses (die Berechnungsmethode findest du im Ausdauerteil) erhöhen, das kann durch Treppen steigen, schnell laufen oder joggen und walken sein

Such dir je nach Fitness einen der drei Varianten des Punktes Ausdauer aus und versuche von 7 Tagen pro Woche mindestens 4 dieses Programm zu absolvieren.

Verfolgst du dieses Ziel konsequent wirst du allmählich immer fitter und fitter werden. Das Gute daran ist, du bist flexibel genug um auch an Tagen wo es dir nicht gut geht mit eben weniger Belastung weiter zu machen. Jedes Konzept was dir verspricht völlig ohne „Arbeit" und nur mit Spaß ganz mühelos dein Leben diesbezüglich zu ändern halte ich für suspekt. Nur Bewegung in Verbindung mit Ernährung und – sofern Mangelsituationen bestehen- die Substitution mit entsprechenden Nahrungsergänzungsmitteln bringt eine Harmonisierung deiner Gesamtsituation mit sich. Wenn du dies aufgrund deines Berufes oder deiner Lebensgewohnheiten nicht gewohnt bist, ist das erst einmal ganz viel Arbeit. In einem folgenden Kapitel werde ich Rezepte für Entlastungstage aufführen, denn nach den komplementären Methoden sind einzelne Fastentage oder Entlastungstage heilsam für das Immunsystem und regen die Selbst - Heilungskräfte an. In der TCM ist Fasten eher verpönt aber Reis - Tage oder Entlastungstage mit Dinkel sind durchaus üblich. Ich habe damit sehr gute Erfahrungen gemacht.

In allen Phasen wo meine allergischen Symptome und Magen Darm Beschwerden extrem wurden, habe ich mit Reis oder Hafertagen sowie Karotten und Apfelrezepten sehr stabilisierend auf meinen Gesamtzustand einwirken können.

Als Einstieg in die Veränderung von eingefahrenen Verhaltens-
mustern halte ich daher Fasten- oder insofern du eher Probleme
hast dein Gewicht zu halten und zu dünn bist, Entlastungstage für
sehr sinnvoll.

Kapitel 3. Die PersonalAwarenessMethode (PAM) dein Bau-
kasten für Lebensqualität

Dieses Buch ist ein Arbeitsbuch, es soll dich anregen, dir klar zu
werden wo du stehst damit du achtsam und trotz der „Begleitung"
einer Krankheit, deinen Weg mit Lebensqualität und Lebensfreude gehen kannst. Der erste Schritt ist eine Selbstbeobachtung
und Analyse zur Standortbestimmung. Dazu brauchst du
-Schrittzähler oder Google Fit damit du bemerkst wieviel du dich
täglich bewegst
-Pulsmesser oder Uhr mit Sekundenzeiger bzw. Fitness Armband
mit Pulsfunktion.
-Tagebuch, Ernährungsprotokoll oder eine App wie „Noom" oder
„Lifesum" um dein Ernährungsverhalten zu bewerten.
Wenn du einen Schrittzähler oder Aktivität -Tracker hast nutze ihn,
denn er liefert dir wichtige Daten über deine Aktivität, Schlafquali-
tät und Herzfrequenz.
„Google Fit" oder „Samsung Health" ist eine brauchbare App über
dein Smartphone. Das „MI Fit Band" ist ein sehr günstiges aber
durchaus komfortables Fitness Band.

Exkurs:

Anleitung zur 7-Tage-Selbstbeobachtung

Hast du dich schon einmal ganz bewusst eine Woche lang intensiv mit deinem Leben befasst?

Leben bedeutet immer zuerst das, was man

tatsächlich tut, nicht das, was man meint zu tun!

Wenn du deinen Lebensstil wirksam verändern willst,

ist es nötig, dass du dein Leben hinsichtlich deines Ess-, Trink- und Bewegungsverhaltens genauer anschaust.

Ein gutes Selbstmanagement setzt voraus, dass du mehr über dein eigenes Leben erfährst. Wie verteilst du deine Zeit, auf welche Lebensbereiche?

Welche Gefühle, Gedanken und Körperempfindungen hast du gegenüber bestimmten Personen und in verschiedenen Arbeit- und Freizeitsituationen deines Lebens?

Kennst du deine körperlichen Fitness und Ihre Gesundheitsdaten wie z.B. den Blutdruck, Puls oder die Atmung in Ruhe und bei Belastung? Wieviel Schritte du täglich oder in einer Woche gehst?

Hilfsmittel die du benötigst: Schrittzähler oder Fitness Tracker, Maßband und Befindlichkeitsskala (Borg).

Falls Bewegung zu einer Verstärkung deiner Beschwerden führen sollte, versuche herauszufinden, wie viel du dich bewegen kannst (Alltags- oder Ausdauerbewegung) – ohne deine Lebensqualität zu verschlechtern.

Versuche deine Belastung anhand der Borg Skala in Zahlen zu fassen, um achtsamer zu werden und eben nicht in Überlastungssituationen zu kommen.

Bei vorherrschenden Gewichtsproblemen beobachte bevorzugt auch dein Ess- und Trinkverhalten. So kannst du dafür sorgen das deine Bewegung und das was du an Kalorien verbrennst einen Überhang bilden zu dem, was du an Kalorien aufnimmst.

Du solltest dir angewöhnen für eine Zeit, alle Lebensmittel, die du tagsüber bzw. auch nachts zu dir genommen hast in ein Tagebuch oder eine dieser Apps einzutragen.

So bekommst du ein Gefühl dafür was du tatsächlich ist und wie das Verhältnis der Nährstoffe und die Verteilung von Fett, Kohlenhydrat und Eiweiß ist.

Du siehst hier bereits schnell welche Verbesserungen du machen kannst.

Jeden Abend solltest du den Tag an deinem inneren Auge vorbei ziehen lassen und deine besonders positiven Momente und auch die, die dich geärgert haben notieren.

Auf diese Art bemerkst du schnell wo du mehr Lebenszeit und Energie verwenden sollst und wo du sie dir ersparen kannst. So kannst du auch eine „dankbare Haltung" entwickeln, d.h. eine Haltung die trotz deiner schweren Bürde der Erkrankung, eine Wertschätzung der vielen kleinen, positiven Momente im Leben ermöglicht.

Kapitel 4. Die sieben Schätze der Achtsamkeit

Achtsamkeit (engl. *mindfulness*) kann als Form der Aufmerksamkeit im Zusammenhang mit einem besonderen Wahrnehmungs- und Bewusstseinszustand verstanden werden, als spezielle Persönlichkeitseigenschaft sowie als Methode zur Verminderung von Leiden (im weitesten Sinne). Historisch betrachtet ist „Achtsamkeit" vor allem in der buddhistischen Lehre und Meditationspraxis zu finden.

Im Alltag wird Achtsamkeit vernachlässigt aber ich denke, daß die alltägliche Unachtsamkeit eben dazu führt, das ein Mensch dauerhaft in Stress gerät und die Signale des Körpers „überhört" und schließlich daran krank wird. Daher steht die Achtsamkeit und die Wahrnehmung des Körpers und der Einsatz von bewussten Atemtechniken am Anfang und im Fokus des täglichen Übens.

Auch hier gilt es zunächst eine Bestandsaufnahme zu machen um dann Dinge, Menschen und Aktivitäten loszulassen die mehr schaden als nutzen und diese durch förderliches zu ersetzen. Die sieben Schätze der Achtsamkeit sind in den folgenden Textfeldern erläutert und du kannst sie in deinen persönlichen Baukasten integrieren.

1.-Überflüssiges Loslassen

Finde heraus was wirklich wichtig für dein Leben ist!

Trenne dich von

-Überflüssigen Aktivitäten

-Überflüssigen Dingen

-Überflüssigen Beziehungen

Überflüssig bedeutet das diese Themen dir unnötig Zeit, Energie oder Ressourcen Rauben ohne dafür einen adäquaten Gegenwert zu bieten.

Orientierung bieten dir deine Werte und Lebensziele.

2. Flow in Arbeit und Alltag bringen

„Tu was Du tust!" lautet eine alte Glücksregel aus Asien.

Menschen aus ganz verschiedenen Berufgruppen wie Künstler, Tänzer, Leistungssportler, Chirurgen, Straßenfeger und Arbeiter gaben in einer Umfrage an, wie sie unter Stress Höchstleistungen brachten, und gleichzeitig glücklich, erfolgreich und zufrieden wurden. Dieser Zustand wird in der Psychologie „Flow"= Fliessen, genannt. Dieser Zustand ähnelt der akut kontrollierten Stressreaktion:

Herausforderungen starten die Stressreaktion, wichtige Gehirnfunktionen werden angeregt, die Stimmung steigt. Das Ganze bleibt kontrolliert, eine dauerhafte Stressreaktion ist nicht erforderlich. Die Aussicht auf Zwischenergebnisse und die Belohnung im

Erreichen dieser Ziele starten abwechselnd das Erwartungs- und das Belohnungssystem. Dieses „Floe" Erlebnis, kann man im Prinzip bei jeder Tätigkeit erreichen.

Flow-Zustand:

-Volle Konzentration und Hingabe an die gegenwärtige Aufgabe.

-Dafür sorgen, dass man der Aufgabe gewachsen ist. (Weiterbildung, Information sammeln, sich helfen lassen- das ist vorbereitende Fleißarbeit. Weniger ist Mehr.)

-Herausforderung suchen, die in jeder Arbeit steckt. (Natürliche Leistungsgrenzen hinausschieben. Wo es keine Grenzen zu überwinden gibt, selbst Herausforderungen erfinden (Mal sehen, wie viele Kartoffeln ich in 15 Minuten schälen kann?") Damit wird die langweiligste Routine zum sportlichen Ereignis.)

-Formuliere Ziele der Arbeit so, dass sie klar und erreichbar sind.

-Sorge dafür, dass unmittelbare Rückmeldungen erhalten werden. (Teilziele festlegen und überprüfen. Eigene Maßstäbe setzen, an denen sich Erfolg messen lässt.)

-Behalte die Kontrolle. (Regie führen. Kontrollierbarkeit lässt sich durch gute Vorbereitung erhöhen und erfordet Eigeninitiative.)

3.-Fokus auf den Füßen - eine Gehmeditation

Zweck der Gehmeditation ist die Achtsamkeitsschulung. Entscheidend ist das Gehen, nicht das Ankommen, denn Gehmeditation ist kein Mittel, es ist das Ziel selbst. Es soll uns dabei unterstützen, unseren beschäftigten Geist zur Ruhe zu bringen

Vorgehensweise

Gehe behutsam und ruhig. Setze beim Gehen den Fuß behutsam, aber doch zuversichtlich auf die Erdoberfläche Achten Sie genau auf die Gefühle, die mit dem Gehen verbunden sind.

Einen geraden Weg ca. 15 - 20 m im Freien oder entsprechend kleiner im Haus aussuchen, jedoch mindestens sieben Schritte lang. Möglichst nicht im Kreis laufen. Eventuell barfuss oder in Strümpfen gehen.

Den Blick nach unten ca. 1,5 - 2 m vor uns auf den Boden richten und mit normaler Geschwindigkeit gehen, nicht zu langsam oder zu schnell. Beim Richtungswechsel nach rechts drehen.

Die Konzentration wird auf die Empfindungen in der Fußsohle gerichtet. Ebenso kann man sich auf die Bewegung des Beines oder des Knies konzentrieren, z. B. wenn man Schuhe trägt.

Jedes Mal, wenn du mit deinen Gedanken abschweifst und es bemerkst, komme bitte liebevoll zu den unmittelbaren Empfindungen des Laufens zurück.

Vor jeder Wende oder auf der Strecke kann man ggf. für wenige Sekunden bis Minuten anhalten und sich vertiefen. Bei eintretender Müdigkeit etwas energischer gehen, dann wieder in den normalen Rhythmus zurückkehren. Anfangs sollten ca. 10 - 15 Minuten geübt werden

Wenn du die formale Gehmeditation eine Weile geübt hast, kannst du die Gehmeditation auch in den Alltag integrieren und so z.B. eine kurze Strecke auf dem Weg zur Arbeit gehen.

Integration in den Alltag

Alle alltäglichen Wege kann man achtsam gehend erledigen, Dies kann eine gute Gelegenheit werden die Achtsamkeit zu schulen und sich selbst immer wieder zu zentrieren. Dabei ist es auch nicht unbedingt notwendig, langsam zu gehen.

Trotzdem hilft es vielleicht, hin und wieder einen einsamen Ort aufsuchen, um die formale Gehmeditation zu praktizieren, um „nur" auf und ab zu gehen Augenblick für Augenblick, den Alltag wieder neu zu entschleunigen, und erneut im Einklang mit dem Leben zu sein.

4.-Den Körper wahrnehmen - Body-Scan-Meditation

Der Body-Scan, bei dem der ganze Körper in der Vorstellung bis ins kleinste Detail „abgetastet" wird, hilft zu einer sehr angenehmen Körpererfahrung. Auf dem Rücken liegend erforscht man in der Vorstellung die verschiedenen Körperregionen. Durch regelmäßiges Üben entwickelt man mit Hilfe dieser Technik sowohl Konzentrationsfähigkeit als auch ein hohes Maß an Achtsamkeit und Flexibilität.

Wir beginnen bei den Zehen des linken Fußes und bewegen uns langsam durch das ganze Bein aufwärts. Dabei versuchen wir, alle Empfindungen wahrzunehmen, während wir den Atem unbeirrt in die einzelnen Bereiche lenken. Vom Becken aus begeben wir uns in die Zehen des rechten Fußes und wieder zurück ins Becken, dann weiter aufwärts durch den Rumpf, die Lenden, den Bauch, Kreuz, Brust bis in die Schultern.

Als nächstes atmen wir in die Finger beider Hände hinein. Dann bewegen wir uns durch beide Arme gleichzeitig aufwärts in die Schultern, von dort weiter in den Hals, das Gesicht, den Hinterkopf und den Scheitel, wo wir wie ein Wal durch ein imaginäres Loch ein- und ausatmen. Wir lassen den Atem im wahrsten Sinne des Wortes vom Scheitel bis zur Sohle durch uns hindurchfließen, als würde er durch die Öffnung am Scheitel in uns einströmen und durch die Zehen wieder austreten. Wird der Body-Scan gründlich und ohne Eile ausgeführt, kann sich der Körper am Ende der Sitzung buchstäblich schwerelos anfühlen, als hätte man ihn weggeatmet, als wäre er völlig durchlässig geworden oder als wäre man selbst zu Atem geworden, zu einem vollkommen ungehindert fließenden Atem.

Quelle: „Gesund durch Meditation", Jon Kabat-Zinn, Barth-Verlag

5.-Gefühle wahrnehmen – Bewertungen loslassen

Setze dich bequem hin oder lege dich bequem hin. Konzentriere dich auf deine Atmung und bewege deine Augen dabei immer von rechts nach links.

Dann denke an eine Situation wo du heute ein Gefühl des Ärgers oder der Aufregung erlebt hast. Gehe gedanklich genau zu diesem Erleben zurück. Versuche dabei weiter gleichmäßig zu atmen und vor allem immer die Augen von rechts nach links zu bewegen.

Gehe dann vor dem inneren Auge die gesamte Situation nochmal durch und lasse mit jedem Ausatmen ein Stück der belastenden Gefühle los. Nach einer Weile wirst du merken, das dein Körper so entspannt ist und du Schwierigkeiten haben wirst dir die Situation lebendig vorzustellen.

Denke immer wenn du in Situationen kommst die dich ärgern, anspannen oder ängstigen an diese Technik und versuche durch Atmung und die Augenbewegung zu verhindern, das das Gefühl dich überrollt und zu körperlichen Verspannungen und Symptomen führt.

Je öfter und regelmäßiger du das Praktizierst desto leichter wird es dir gelingen dies überall und schnell umzusetzen und dir so ein hohes Maß an Selbstwirksamkeit in jeder Situation zu bewahren.

6.-Momentaufnahme

Setz oder leg dich entspannt hin.

Atme tief und voll. Der Brustkasten muss sich merklich heben und senken.

Falte langsam deine Hände auseinander, und nehme deine Ellbogen zurück, bis die Ellbogen schließlich nach hinten zeigen. Dadurch gehen deine Schultern zurück, und der Brustkasten öffnet sich. Mit dieser Bewegung soll deine Lungenkapazität geweitet und dein Herz geöffnet werden. Atme weiter tief.

Gehe in Gedanken deine letzten 24 Stunden noch einmal durch.

Für jeden schönen Moment lächle still vor dich hin. Für jedes unbequeme oder unangenehme Erleben klopfe dir mit allen zehn Fingern abwechselnd leicht auf deinen Schädel. Sei dabei ganz sanft am Ende der Übung klopfe dir auf die Stelle direkt unter dem Schlüsselbein und dann umrunde sanft mit den Fingerspitzen deine Augen und deine Ohren. Massiere dein Ohrläppchen. Reibe dann die Handflächen aneinander und lege die Hände in deine Nierengegend.

Spüre nach wie es sich anfühlt.

Stehe auf und schließ die Augen und spüre dich in diesem Moment, versuche an Nichts zu denken und einfach nur da zu sein und deinen Körper so wie er nun da ist zu genießen.

Mach es dir zur Gewohnheit abends jeden besonders schönen Moment des Tages aufzuschreiben und sammle diese Berichte in einem Buch oder wirf sie als kleine Notizzettel in ein großes Glas oder eine Schüssel. Nach einem Monat schau es dir an. So kultivierst du in dir die Fähigkeit trotz Belastungen und einer schweren Erkrankung die sich nicht ändern lässt trotzdem ganz viele kleine schöne Momente wahrzunehmen und dies fördert deine Fähigkeit zufrieden und ausgeglichen zu sein.

7.-Inseln schaffen

Richte deine Aufmerksamkeit nach innen und stimme dich mit einem tiefen Atemzug auf die Kurzentspannung ein.

Stelle dir nun einen Ort vor, an dem du dich wohl fühlst, der für dich Ruhe und Kraft symbolisiert. Es kann ein Ort der Phantasie oder ein realer aus dem Leben sein. Nimm die Einzelheiten des Ortes in dich auf - mit allen Sinnen: die Farben, Formen, Helligkeit, Geräusche, Gerüche, Temperatur, Luftbewegungen, evtl. andere Menschen und spüre wie sich ein Wohlgefühl ausbreitet. Genieße die Ruhe und Kraft des Ortes so intensiv wie möglich.

Beende die Übung bewusst, indem du zunächst tief durchatmest und dich dann reckst und streckst.

Kapitel 5. Deine Vier Atemübungen für Jede Lebenslage

Die 4-7-8-Methode

Dosierung; 2 Mal 5 bis 8 Wiederholungen täglich

Durchführung: Diese Methode ist eine Atemtechnik mit dem Ziel, Atmung und Herzrhythmus zu beruhigen.

Und so funktioniert es:

-4 Atemzüge ein- und ausatmen im eignen Rhytmus

-7 Sekunden die Luft anhalten

-8 Sekunden ausatmen

Bauchatmung

Dosierung: 2 Mal 5-10 Minuten täglich.

Durchführung: Legen oder setzen Sie sich entspannt hin. Lenken Sie die Aufmerksamkeit auf die Bauchgegend. Nun atmen

Sie in tiefen und regelmäßigen Atemzügen durch die Nase ein und aus und wölben dadruch die Bauchdecke

vor- und zurück.

Atementspannung

Dosierung: Führen Sie diese Übung 5 bis 10 Atemzüge lang durch und beenden Sie die Übung bewusst, in dem Sie die Augen öffnen, tief durchatmen und sich ggf. recken und strecken.

Durchführung: Richten Sie Ihre Aufmerksamkeit auf Ihre Atmung und schließen Sie Ihre Augen. Spüren sie, wie der Atem in Sie hinein- und herausströmt - ohne willentliche Beeinflussung. Denken Sie dabei an ein Glas, das sich von unten nach oben füllt. So ist das auch mit Ihrem Atem – er füllt zuerst den Bauch- und dann den Brustraum.

Nehmen Sie nun die drei Phasen Ihres Atems bewusst war: Ausatmen – Pause – Einatmen und stellen Sie sich vor, wie Sie mit dem ausströmenden Atem Anspannungen, Sorgen, Belastendes mit hinaus fließen lassen. Spüren Sie, wie sich Ruhe in Ihrem Körper und in Ihren Gedanken ausbreitet.

Atemhilfsmuskulatur Aktivieren

Dosierung: Immer wenn das Gefühl entsteht, der Brustkorb ist zu eng oder die Muskulatur der Schultern zu angespannt.

4-8 Wiederholungen.

Durchführung: In der Torwartstellung oder dem Kutschersitz sitzen oder stehen. Ausatmen bis die ganze Luft aus dem Brustkorb entwichen ist. Dann die Luft anhalten.

Nun den Bauch herausstrecken und einziehen, als ob der Körper eine tiefe Bauchatmung machen würde.

Solange ausreizen bis ein klarer Reiz zum Einatmen kommt, tief einatmen und mehrere Atemzüge im eignen Tempo atmen bevor erneut diese Übung gemacht wird

Kapitel 7. Zehn Mobilisationsübungen für Beweglichkeit in jeder Lebenslage

Regeln zum Strechtching

1. Führe die Stretching Übungen langsam und vorsichtig aus.

2. Dehne so lange, bis Sie ein Spannungsgefühl im zu dehnenden Muskel spürst.

3. Halte diese Stellung, bis das Spannungsgefühl leicht nachlässt

(das dauert normalerweise 15 bis 20 Sekunden).

4. Gönne dir anschließend eine kleine Pause von 20 bis 30 Sekunden,

und wiederhole die Übung noch ein- bis zweimal.

5. Dehne niemals so weit, dass Schmerzen auftreten.

6. Achte darauf, keine heftigen ruckartigen Bewegungen auszuführen.

7. Atme während der Übungen normal ein und aus (keine Pressatmung).

Die Meridianübungen bestehen aus drei Elementen:

Drücken (Akupressur) am Ohr.

Es wird **eine** Atemübung durchgeführt.

Es werden Stretching Übungen ausgeführt.

Vorgehensweise:

•Empfohlene Übungszeit Minimal sollte man 5-10 Minuten üben.

• Bei Zeitmangel können z.B. nur die 3 wichtigsten Akupunkturpunkte morgens vor dem Aufstehen oder abends vor

dem Einschlafen gedrückt/massiert werden. Die Bauchatmung hilft auch als Einzelmaßnahme zum leichteren

Einschlafen.

1. Akupressur

• Ohrmassage

Gesamtes Ohr

Dosierung:

1 Mal täglich etwa 20 Mal.

Durchführung:

Mit warmen Fingern die Ohrläppchen zwischen Zeige- und Mittelfinger nehmen und von unten

nach oben mit leichtem Druck Richtung Kopfhaut massieren.

2. Stretching Übung

Dosierung: 2 Mal 5 Minuten täglich.

Übungen im Anhang Nummer 1 – 10.

3. Atemübung aus Kapitel 5

Kapitel 7. Kräftigungsübungen

Wenn wir gezielt unsere Muskulatur aktivieren, profitieren wir neben dem Zuwachs an Stärke und einer schlanken Figur von einem gesundheitlichen Effekt. **Körperliche Aktivität produziert eine Vielzahl von Botenstoffen.** Diese Botenstoffe, Myokine genannt, scheinen dabei einen nicht unwesentlichen Effekt auf unsere Gesundheit zu haben. Eine Forscherin von der Universität Kopenhagen, hat dabei die „Sprache" dieser Botenstoffe entschlüsselt. Diese Botenstoffe aktivieren, Prozesse im Körper, die der Übertragung von Signalen oder der chemischen Kommunikation in unserem Körper dienen. Ein Botenstoff, das Interleukin- 6 (IL-6), gehört zu Familie der Zytokine, welche Entzündungsprozesse in unserem Körper modulieren. Es aktiviert dabei bestimmte Proteine und Immunzellen. Dieser Botenstoff wird bei Bedrohung, zum Beispiel durch Bakterien, innerhalb unserer Zellen aktiviert und dient als Auslöse-Hormon für eine Abwehr der Gefahr. Es wird auch bei Beanspruchung der Muskulatur, verstärkt gebildet wird. **Es dient als Teil des Hypertrophie Prozess, dem Wachstum der Muskulatur.** Somit ist es wichtig für den Muskelaufbau. Gleichzeitig, wirken diese Myokine auch auf die Fettzellen, also den Stoffwechsel. Diese Myokine gehen also Fettzellen an und lösen das Fett heraus.

Daher ist körperliche Aktivität neben dem Effekt das es den Stoffwechsel erhöht, durchaus ein Weg in den Prozess der chronischen Entzündung einzugreifen. Außerdem ist es unerläßlich, da körperliche Inaktivität zu Abbau von Muskelmasse führt und in der

Folge zu Dysbalancen der Muskulatur mit entsprechenden Blockaden und Schmerzen sowie auf lange Sicht zu eingeschränkter Beweglichkeit führt.

Ich füge diesem Kapitel zehn Kräftigungsübungen an. Ein Training sollte so ablaufen das du vier Übungen wählst. Zum Beispiel eine Übung für die Arme, eine für die Beine, eine für den Bauch und letztlich eine für den Rücken.

Jede Übung eine halbe Minute lang durchführst dann zehn Sekunden ausruhst. Hast du es einmal geschafft, klappt es auch ein zweites Mal. Nach sechs bis acht Wochen kannst du es wagen drei Durchgänge zu machen. Bist du nach einigen Wochen so fit, das du dich sicher fühlst kannst du eine der „plyometrischen" Übungen zufügen, d.h. eine Übung wo die Muskulatur gefordert ist mit Schnellkraft – also hüpfend, federnd oder springend – zu reagieren. Dies solltest du aber nur machen, wenn du wirklich fit genug bist und keinerlei Entzündungen oder Erschöpfungen spürst, da diese Übungen eine sehr hohe Belastung für Muskulatur und Gesamtorganismus darstellen.

Dieses Training ist kurz und knackig bringt dir aber ähnliche Ergebnisse wie ein 45 Minütiger Waldlauf und ist oft effektiver als eine halbherzig betriebene Gymnastik wo du Spielchen machst und dann irgendwelche Übungen die im Grunde eine Beschäftigungstherapie sind.

Übungen siehe Anhang

Kapitel 8. Drei Ausdauer Varianten

Vorab noch einige Infos zum Thema Ausdauer:

Ein gezieltes Herz-Kreislauf-Training ist über einen aktiven Lebensstil hinaus für optimale Prävention und Rehabilitation erforderlich!!!

Vor dem Start solltest du von deinem Hausarzt eine Sporteingangsuntersuchung durchführen und die individuelle Trainings-Herzfrequenz immer beachten!

<u>Wie und wie viel sollte ich mich bewegen?</u>

-mindestens 3 x / Woche für mindestens 30-40 Minuten; Ideal: insgesamt 3 Stunden pro Woche

-Du solltest dich nach der Bewegung angenehm müde aber nicht völlig erschöpft fühlen. Eine völlige Erschöpfung ist immer ein Zeichen für ein falsches Training und muss in jedem Fall (gerade bei allen neurologischen Erkrankungen) vermieden werden.

Fange langsam an!! Z.B. mit 5-10 Minuten schnellem Gehen, zur Erholung langsamer laufen, wieder 5-10 Minuten schnelles Gehen.

So tastest du dich nach und nach an deine körperliche Leistungsgrenze und Steigerst zunehmend die Belastung.

<u>Warum Ausdauertraining?</u>

Schutz vor Herz-Kreislauf-Erkrankungen

Stimmungsverbesserung

Immunsystemstärkung

Hochregulierung der antioxidativen Schutzsysteme (wie vorab erläutert)

Atmungsvertiefung

Durchblutungsverbesserung

Stoffwechselförderung

Gewichtstabilisierung

Blutdruckstabilisierung

Positive Beeinflussung des Cholesterinspiegels (Steigerung des „guten" HDL-Cholesterins)

Muskelkräftigung

Osteoporose Prävention

Welche Ausdauerbewegungen eignen sich?

Walking

Joggen

Schwimmen

Radfahren

(Berg)-Wandern

Langlauf

Tabata Training

Milon Zirkel im Fitnesstudio

Aqua Fitness im Tiefwasser

Belastungssteuerung im Ausdauertraining

Gesundheitsorientiertes Ausdauertraining hat zum Ziel mit einer reduzierten Belastung des Herz- Kreislaufsystems für langanhaltende Freude an der Bewegung und gute Gesundheits-Effekte zu sorgen.

Eine Methode ist die Borg Skala, die du dann kennst wenn du in einer Reha- Maßnahme warst oder an einer Reha - sportgruppe teilnimmst.

Insofern du bereits eine Sporttauglichkeitsuntersuchung oder ein Belastungs EKG gemacht hast, gibt es Belastungspuls Werte an denen du dich orientieren kannst.

Allgemeine Tipps sind:

-Laufe so schnell, dass du ins Schwitzen kommst, dich aber noch gut unterhalten kannst: „Laufen ohne zu schnaufen".

-Beachten deinen Atemrhythmus. Das Ausatmen sollte länger sein als das Einatmen, z.B.: 3 Schritte einatmen, 4 Schritte ausatmen.

-Laufen nach Herzfrequenz: Pulskontrolle mit einer Uhr oder eben Fitness Tracker oder Puls Uhr. Insofern dir die Berechnungsmethoden zu kompliziert sind orientiere dich an der Regel 180 – Lebensalter als Pulsobergrenze.

- Beherzige den Grundsatz „Lieber lange langsam!".

Variante 1. Plyometrische Übungen (Anhang Übungen) in deinen kleinen „Tabata" Zirkel einbauen:

Hier kombinierts du drei oder vier verschiedene Übungen die allesamt sehr intensiv und schnell hintereinander ausgeführt werden.

Suche dir nach vier bis acht Wochen regelmäßigem Training der Kräftigungsübungen hier eine Übung die du dann jede Woche wechselst und zusätzlich zu deinen vier Kräftigungsübungen durchführst.

Beispiel:

Woche 1-4

3 Übungen , drei Durchgänge

Kniebeuge

Käfer

Hampelmann Sprung

Jede Übung 20 Sekunden wiederholen, danach 10 Sekunden Pause. Nachdem alle Übungen fertig sind eine zweite und dritte Runde anschließen.

Damit hast du ein Training was nur 4,5 Minuten dauert, aber effektiv genug ist dem Körper hinreichende Trainingsreize zu bieten. Diese Art Training kannst du auf Reisen, im Krankenhaus – eigentlich überall absolvieren.

Woche 5-8

4 Übungen, 2 Durchgänge

Hampelmann Sprung

Sumo Squat

Lunges rechts/ Lunges links

Usw.

Variante 2. Intervalltraining:

Such dir eine Strecke in deiner Umgebung die ca. dreißig Minuten Gehzeit in Anspruch nimmt.

Laufe zwei Minuten so schnell das dein Puls bei 120-140 Schlägen ist. Danach reduziere für eine Minute das Tempo. Wiederhole das zehn Mal.

Du wirst sehen bereits nach einer Woche wird die Runde zu kurz und du musst anfangen zu rennen um deinen Puls hoch zu bekommen.

Laufe dann entsprechend größere Runden oder die Runde zweimal.

Versuche den Puls ab Woche drei auf 130-150 Schläge zu bekommen.

Variante 3. Dauerbelastung:

Wähle dir unter Walken, Joggen, Schwimmen oder Radfahren die Sportart die du richtig gerne machst.

Suche dir eine bestimmte Laufstrecke aus und versuche bei einem Puls von ca. 130 Schlägen mindestens eine halbe Stunde durchzuhalten.

Radfahren ist die Sportart wo dies am besten gelingt (zur Not kannst du dies auch gut auf einem Hometrainer zu Hause tun). Joggen ist für die Gelenke am ungünstigsten, walken ist da etwas besser aber bei hohem Ausgangsgewicht oder rheumatischen Erkrankungen einfach oft auf Dauer nicht durchzuführen. Schwimmen ist toll, da du dein Körpergewicht im Wasser nicht spürst und du spürst die Anstrengung auch nicht. Wenn dir Bahnen schwimmen zu langweilig ist, versuche es mit Aqua Fit im Tiefwasser da ist eine Stunde genauso gut wie ein Waldlauf von dreißig Minuten!!

Exkurs:

Herzfrequenzberechnung

Um eine optimierte Trainingsplanung durchzuführen, ist ein bestimmter Trainingsherzfrequenzbereich anzustreben. Dieser wird in Prozent von der maximalen Herzfrequenz angegeben.

Die Karvonenformel zur Bestimmung des individuellen Belastungspulses wird hierzu angewendet:

Mann:

(220 – Alter – Ruhepuls) x % Herzfrequenzmax + Ruhepuls

Frau:

(226 – Alter – Ruhepuls) x % Herzfrequenzmax + Ruhepuls.

Deine persönliche Einstufung kann auf Grundlage des Dreiecks-laufes im Rahmen eines Trainings genau bestimmt werden oder eben durch ein Belastungs EKG.

Die empfohlene Trainingsintensität für ein <u>gesundheitsorientiertes Ausdauertraining</u> in % der maximalen Herzfrequenz ist für

Einsteiger 60-70%

Fortgeschrittene 75-80%

Könner 75-80%

Zur Bestimmung deines individuellen Belastungspulses benötigst du auch deine Ruheherzfrequenz. Dazu bitte an fünf aufeinander folgenden Tagen morgens, noch im Bett liegend, für 15 sec. den Pulsschlag messen, multiplizieren ihn mit 4 und bilden das Mittel aus den fünf Werten.

Herzschläge in Herzschläge

15 Sekunden in der Minute

Tag 1 x 4 =

Tag 2 x 4 =

Tag 3 x 4 =

Tag 4 x 4 =

Tag 5 x 4 =

Mittelwert des Ruhepulses: _____

(Summe geteilt durch 5)

Individueller Belastungspuls Rechenbeispiel: Frau 48 Jahre, MaximalPuls 160; Ruhepuls 60.

(226 – 48Jahre-60 Ruhepuls) x 0,6 + 60 =

(178-60)

(118) x 0,6 + 60 = 130

Das würde bedeuten, das diese Dame für ein besonders effektives Training ihres Herz- Kreislaufes bei einem Puls von 130 Schlägen pro Minute, laufen sollte.

Alles was darunter bleibt ist kein Training sondern ein lockeres Bewegen was auf Dauer aber ohne größeren Effekt bleiben wird. Alles was darüber hinaus geht, ist eine Überbeanspruchung die auf Dauer zur Erschöpfung oder zu Gesundheitsschäden führen könnte.

Auch wenn das zunächst etwas kompliziert anmutet, lohnt es sich hier etwas Mühe und Zeit zu investieren, denn du wirst merken, dass du an deinem Puls oft auch sehr schnell bemerkst, wenn dein Körper z.B. durch einen Infekt beansprucht ist, oder du zu wenig getrunken hast, das z.B. der Ruhepuls erhöht ist oder du extrem schnell deinen Ziel Puls erreichst oder extrem hohe Pulswerte hast, die nicht runter gehen.

In all diesen Fällen solltest du auf ein Training an diesem Tag verzichten und lieber ruhen und dir eine Kanne Tee kochen.

Fordern aber nicht Überfordern!

Kapitel 9. Ernährung, Entlastungstage und Nahrungsmittelergänzungen

Leider gehen alle autoimmunen Erkrankungen wie Betroffene berichten oft mit an Nahrungsmittelunverträglichkeiten oder Mastzellenaktivierungssyndromen einher. Daher ist es durchaus sinnvoll durch eine konsequente Umstellung der Ernährung und, sofern Maldigestion vorliegt, auch Zuführung von Aminosäuren und Nahrungsergänzungsmitteln zu beachten.

Die TCM hat sehr sinnvolle Ernährungsregeln. Es soll die Mitte (dein Magen/ Darm – system und die Milz) aufgebaut werden, daher empfehlen chinesische Ärzte drei warme Mahlzeiten, vor allem aber ein gekochtes Frühstück.

Nach der TCM wird Fasten nicht empfohlen aber viele betroffene haben mit Fastentagen oder kurzzeitigem Fasten über 3-7 Tage sehr gute Erfahrungen. Daher füge ich einige Anleitungen über Entlastungstage und Saftfasten an. Jeder kann dann entscheiden ob er an diese Entlastungstage noch 1-3 Fastentage anschließt. In jedem Fall sinnvoll ist, wenn man das erste Mal fastet, in einer Klinik zu fasten, damit unter ärztlicher Überwachung und professioneller Anleitung einer Ernährungsberatung hier die Ernährungsumstellung stattfinden kann. Hier gibt es Krankenhäuser (Info unter Carstens-Stiftung und anthroprosophische Kliniken) die dies fest in ihrem Konzept bzw. den Konzepten der „Ordnung Therapie" haben. Gerade bei allen rheumatischen Erkrankungen sind die Erfahrungen der Betroffenen sehr gut.

1. Nahrungsmittelunverträglichkeiten

Nahrungsmittel Unverträglichkeiten haben ihren Ursprung, laut der Traditionellen Chinesischen Medizin, in einer **„geschwächten Mitte mit einer Nässe und Kälte Problematik"**. Kühlst du deine Mitte zu stark ab, oder isst du zu viel Nässe erzeugende, verschleimende, verschlackende Nahrungsmittel, dann manifestieren sich Nässe und Kälte in deinem Verdauungstrakt. **Nässe** bildet einen einladenden **Nährboden für Bakterien** und zieht **Krankheitserreger** regelrecht an. Umso wichtiger ist es diese Nässe auszuleiten und zu trocknen. Sei es aufgrund von Diäten oder Ernährungsempfehlungen verschiedener Ernährungsrichtungen, **in Übermaß** genossen oder dauerhafte **„gesunde" Gewohnheiten** begünstigen eine Schwächung deiner Mitte. Dadurch werden Müdigkeit, Nässe, Ablagerungen und Unverträglichkeiten gefördert.

Folgende Nahrungsmittel solltest du zumindest für eine Zeit aus deinem Speiseplan verbannen oder nur in Maßen zu dir nehmen!

Rohkost

Milchprodukte

Südfrüchte, zu viel Obst in den kalten Jahreszeiten

Süßigkeiten

Industriell erzeugte Nahrung

Brot

Fertigprodukte

Limonaden, eiskalte Getränke

Tiefkühlkost

Kaltes Essen (Brot, Salate)

Zu viel Fettiges, Gebratenes, Frittiertes, Alkohol, Wurst

Diese Gewohnheiten rund um das Essen solltest du kultivieren!

3 x täglich gekocht essen

Getreide, Gemüse, Obst, Trockenfrüchte

Rindfleisch

Eier

Hülsenfrüchte

Trockenfrüchte

Nüsse, Samen

Aromatische Kräuter

Rosmarin

Thymian

Majoran

Kardamom

Frischer Ingwer

Lorbeer

Basilikum

Petersilie

Gewürze

(Kreuz)Kümmel

Fenchel(samen)

Sternanis

Getrockneter Koriander

Verzichte für einige Wochen, auf alle Nahrungsmittel auf die du reagierst! Das sollte schon so über einen Zeitraum von ein paar Wochen bis 3 Monate sein, in denen du den **Verzicht ganz konsequent durchziehst**. Nach ein paar Wochen kann es sein, dass du bereits einige Nahrungsmittel wieder verträgst.

Glutenfreie Ernährung

Grundsätzlich werden **bei Gluten Unverträglichkeit folgende Getreide empfohlen**,

Hirse –

Reis –

Quinoa – hoher Eiweiß Gehalt

Buchweizen –

Amaranth –

Mais –

Hafer – stärkt das Immunsystem

Mehl oder Bestandteile aus:

Chiasamen oder Chiamehl

Flohsamen

Haselnüsse

Kürbiskerne

Leinsamen

Mandeln und Mandelmehl

Pekannüsse

Sesamsamen

Sonnenblumenkerne

Walnüsse

Kichererbsenmehl

Kokosmehl

Nüsse und Samen können meistens in Bioläden gratis gemahlen werden, oder auch Zuhause in einer Küchenmaschine, einem hochwertigen Hacker oder einer Kaffeemühle innerhalb von 30 – 60 Sekunden zu Mehl vermahlen werden. Nicht länger mahlen, sonst entsteht Nussmus! Fürs Backen eignet sich eine **All- zweckmehl Mischung**, die in 5 min zubereitet ist. Am besten luftdicht im Kühlschrank aufbewahren:

600g Mandelmehl

150g gemahlener gelber Leinsamen

4 EL Kokosmehl

2 TL Natron

1 TL gemahlener Flohsamen

Quelle: Die Weizenwampe von Dr. med. William Davis

Laktose oder Kuhmilcheiweiß Unverträglichkeit

Viele Fertigprodukte enthalten Laktose oder Kuhmilchei- weiß. Daher solltest du immer alle Produkte, die bereits verar- beitet sind darauf checken. Bitte bei Problemen damit auch mei- den:

Milch, Sahne, Joghurt, Topfen, Mascarpone, Sauermilch

Frischkäse, Hüttenkäse, Schmelzkäse, Molkenkäse und viele Kä- sesorten, die nur wenige Wochen lang gereift sind

Milchschokolade, Süßwaren

Laktose freie Produkte

Fertigprodukte

Wurst

Gebäck, Brot und Kuchen, Knabberzeugs

Medikamente

Nach ein paar Wochen kannst du an verschiedenen Produkten testen, ob dein Körper bereits zumindest eine geringe Menge an Laktase produziert und kleine Mengen von Produkten vertragen werden, die Laktose enthalten:

Butter

Manche Hartkäse Sorten

Geringe Laktose Mengen immer im Rahmen einer ganzen Mahlzeit essen (somit hat dein Magen mehr Zeit die Laktose zu verarbeiten)

Histamin Intoleranz

Bei einer **Histamin Intoleranz** solltest du auf folgende Nahrungsmittel verzichtet, oder diese stark einschränken:

Rotwein

Käse (vor allem gereifter)

Schokolade, Kakao

Fisch in Konserven, geräucherter Fisch

Fermentiertes Gemüse (z.B. Sauerkraut)

Fermentierte Sojaprodukte (z.B. Miso)

Hefepasten

Viele Wurstwaren

Essig (vor allem Balsamico)

In Essig Eingelegtes

Alles, das bakteriell reift

Zitrusfrüchte (Orangen, Zitronen)

Erdbeeren

Tomaten

Meeresfrüchte

2. Entlastungstage

In der Folge gebe ich dir einen Überblick und immer eine kleine Einkaufsliste wie du Entlastungstage planen und in deinen Alltag integrieren kannst.

Entlastungstage-Überblick

Ein Entlastungstag entlastet den Organismus, vor allem die Verdauungsorgane, unterstützt dich bei Gewichtsstabilisation bzw. -abnahme und sensibilisiert dich für Körpersignale – dein Wohlbefinden steigt langfristig.

Es gibt verschiedene Möglichkeiten, z.B.:

Obsttag

1,5 kg Obst verschiedener Art auf drei Mahlzeiten verteilen – bevorzugen Sie Obst der Saison!

Reistag

Morgens: 1 Apfel oder 1 Grapefruit

Mittags 50 g Reis in 0,1 l Wasser gekocht mit 2

gedünsteten Tomaten mit Kräutern o.ä.

Abends: 50 g Reis mit 0,1 l Wasser gekocht mit ½ gedünsteten Broccoli o.ä.

Buttermilchtag

1 Liter Buttermilch über den Tag verteilt, evtl. mit Obstsaft „gewürzt"

Kartoffeltag

Morgens: 1 Stück Obst

Mittags: 300 g Kartoffeln, mit Kümmel ohne Salz

gewürzt mit Blattsalat

Abends: 300 g Backkartoffeln (Folienkartoffel ohne

Fett) mit 2 Tomaten oder anderem Gemüse

Frischkosttag

Morgens: 1 kleinen Obstsalat

Mittags: Rohkostplatte, ca. 200 g zerkleinertes Gemüse verschiedener Farbe und 150 g Kartoffeln

Abends: Kleine Rohkostplatte mit ein paar Nüssen

Was ist zu beachten?

Trinke an Entlastungstagen mind. 2,5 l Mineralwasser/Kräutertees.

Vermeide Kaffee und Alkohol.

Setz dich zum Essen/Trinken in Ruhe zu Tisch und kaue gut.

Verzichte auf Fette und gehe an diesem Tag sparsam mit Salz um.

Verbinde den Entlastungstag mit deinem persönlichen Wohlfühlprogramm, ob Sauna, Gymnastik, Bewegung oder Badewanne.

Gönne dir eine Streicheleinheit für die Seele, lies ein schönes Buch, oder triff dich mit einen guten Freund.

Führe die Entlastungstage regelmäßig durch.

Entlaste regelmäßig jede oder jede zweite Woche.

Entlastungstag mit Hafer

Einkaufsliste:

100g Haferflocken

50g Hafer, ganz

1 Apfel

2 Selleriestangen

150g Blattspinat

300g Gemüse (Karotten, Lauch etc.)

Rosmarin

Kerbel

1 Teelöffel Pinienkerne

Zimt

Pfeffer

Gemüsebrühe

Kräutersalz

Rapsöl

Frühstück:

Haferflocken aufgekocht mit geraspeltem Apfel

2 El Vollkornhaferflocken

100ml Wasser

1 Apfel

Zimt nach Geschmack

Zubereitung:

Haferflocken in Wasser kurz aufkochen lassen und beiseite stellen.

Apfel grob raspeln und zu den Haferflocken geben.

Nach Belieben mit Zimt abschmecken.

Mittagessen: Hafer –Risotto mit Spinat und Pinienkernen

50g Hafer, ganz

100ml Gemüsebrühe

1 Tl Pinienkerne

2 Selleriestangen, fein gewürfelt

150g Blattspinat, frisch oder tiefgefroren

1 kleiner Rosmarinzweig, fein gehackt

1 Prise Kräutersalz

Pfeffer

Zubereitung:

Hafer in Gemüsebrühe garen.

Pinienkerne in der Pfanne trocken rösten. Selleriestangen dazugeben, kurz anschwitzen. Blattspinat und Rosmarin dazugeben.

Hafer dazugeben und mit Pfeffer und Kräutersalz abschmecken.

Abendessen: Geröstete Haferflockensuppe mit buntem Gemüse

1 TL Rapsöl

50g Haferflocken

400ml Gemüsebrühe

300g verschiedene Gemüse, fein gewürfelt

Kerbel, fein gehackt

Pfeffer

Zubereitung:

Rapsöl in einem kleinen Topf erhitzen. Haferflocken dazugeben, kurz anschwitzen und mit Gemüsebrühe ablöschen.

Gemüse dazugeben, in der Brühe bissfest garen.

Mit Pfeffer und Kerbel abschmecken.

Entlastungstag - Reis

Einkaufsliste:

150-200g Naturreis, roh

1 Apfel

1 kleine Karotte

1 kleine Zucchini

1 El Petersilie, fein gehackt

1 kleine Zwiebel

1 kleines Stück Kürbis

1 kleine Petersilienwurzel

1 Zitrone

Frischen Ingwer

Zimt

1 Chilischote

Curry mild

Gemüsebrühe

Agavendicksaft

Sojasoße

Rapsöl

Am Abend vorher 150-200g Naturreis vorkochen.

Frühstück : Apfelreis

1/3 der gekochten Reismenge

1 Apfel

1 Tl Agavendicksaft

etwas Zitronensaft

etwas Zimt

Zubereitung:

Reis etwas anwärmen.

Apfel schälen und fein raspeln. Ein paar Spritzer Zitronensaft darüber geben.

Reis und Apfel mischen.

Nach Geschmack mit Zimt und Agavendicksaft abschmecken.

Mittagessen: Wok-Curry-Reispfanne

1 Tl Rapsöl, kaltgepresst

1 kleine Karotte, fein gewürfelt

1 kleine Zucchini, fein gewürfelt

Chilischote nach Geschmack

1/3 der gekochten Reismenge

1 Tl Sojasoße

1 Tl Currymischung mild

Petersilie fein gehackt nach Bedarf

Zubereitung:

Karotten und Gemüse in Rapsöl leicht bräunen.

Chilischote nach Geschmack dazugeben, die Gemüsemischung bissfest garen.

Gekochtem Reis dazugeben und mit Sojasoße und Curry abschmecken.

Nach Geschmack mit fein gehackter Petersilie verfeinern.

Abendessen: Klare Kürbissuppe mit Ingwer

1 Tl Rapsöl

1 kleine Zwiebel, fein gewürfelt

1 kleines Stück Kürbis, fein gewürfelt

1 kleine Petersilienwurzel, fein gewürfelt

400ml Gemüsebrühe

frischen Ingwer nach Geschmack

1/3 der gekochten Reismenge

Zubereitung:

Zwiebel in Rapsöl leicht bräunen.

Gemüse dazugeben, kurz anschwitzen und mit Gemüsebrühe ablöschen.

Den gekochten Reis dazugeben.

Nach Geschmack mit frisch geriebenem Ingwer abschmecken.

3. Anleitung zum Saftfasten

Vorbereitung:

Fasten in die Phase des abnehmenden Mondes z.B. 1-7 Tage nach Vollmond legen.

Einen Tag vorher einen Entlastungstag mit leichter Kost.

Den ersten Tag zum Abführen nutzen. Morgens 2 EL Glaubersalz in ¾ L Wasser lösen und trinken (innerhalb von 30 Minuten). Die halbe Mischung davon, also 1 EL Glaubersalz in 0,4 L Wasser aufgelöst auch am 3.; 5. Und 7. (ev. 9.) Tag trinken. Oder mithilfe eines Fertigeinlaufes aus der Apotheke auf diesem Weg den Darm reinigen.

Ernährung während des Fastens:

Täglich tagsüber insgesamt 4 Gläser Karottensaft, Gemüsesaft oder Fruchtsaft. Am besten natürlich saisonales Gemüse und Obst mit dem eigenen Entsafter oder als Smoothie. Aber du kannst auch hochwertige Säfte aus dem Supermarkt nehmen. Wenn du starke Darmbeschwerden hast, empfiehlt sich ausschließlich Möhrensaft oder auch naturtrüber Apfelsaft.

Grüner Hafertee oder Fencheltee bis zu einem Liter pro Tag trinken.

Stilles Mineralwasser bis zu 2,5 L pro Tag trinken.

Für Kreislaufprobleme, Cardiodoron und eventuell eine Messerspitze Honig oder eine kleines Schnapsglas Apfelsaft einnehmen.

Kostaufbau nach dem Fatsen:

Am ersten Tag der Nahrungsaufnahme, Suppe oder Apfelbrei oder gekochte Kartoffeln.

Danach kann man gut eine „Auslassdiät" anschliessen, wodurch man ermitteln kann, auf welche Nahrungsmittel der Körper „allergisch" reagiert (bei Histaminintoleranz oder Mastzellenproblemen).

Im Anschluss an eine Fastenzeit können auch sehr leicht alle Ernährungsumstellungen vorgenommen werden, da die Geschmackssinne sich verändert haben, vieles als zu süss oder zu salzig empfunden wird und sehr leicht weggelassen werden kann (z.B. in Zukunft den Tee ohne Zucker zu trinken oder das Essen nicht nachzusalzen).

Kapitel 10. Selbstmassage, Selbsthilfe und andere Tipps für mehr Wohlgefühl

Physikalische Methoden der Selbsthilfe

-Paraffinbäder bei allen Kälteformen des rheumatischen Formenkreises.

-Moorkissen und Moorbäder sowie anthroprosophische Heilmittel die die Temperaturregulation anregen.

-Bäder mit totem Meer Salz und Basenbäder oder Kaiser Natron Bäder.

-Wickel und Auflagen mit Zwiebel, Ingwer und Kräutern.

-Stärke deine Temperaturregulation: wechselwarme Fußbäder oder regelmäßige Saunabesuche trainieren das Immunsystem.

Massagetechniken – Selbstmassage und Akkupressur

Eine der Methoden zur Gesundheitsvorsorge ist die Fitnessmassage, die durch Manipulationen der Hände und Finger zur Stimulierung bestimmter Regionen und Punkte des Körpers charakterisiert ist.

Im Folgenden werden einige traditionelle Techniken der Fitnessmassage beschrieben.

Heiße Kompresse der Augen

Die beiden Hände werden aneinander gerieben, bis sie heiß werden. Dann werden sie über die Augen gelegt. Dies wird drei- bis fünfmal wiederholt. Dann werden die Augäpfel mit Zeige-, Mittel- und Ringfinger jeder Hand sanft gedrückt und geknetet. Diese Massagetechnik wird als „heiße Kompresse der Augen" bezeichnet. Es ist ratsam, dies unmittelbar nach dem Aufwachen durchzuführen. Regelmäßige Übung stärkt die Augen.

Ohrmassage

Zunächst werden die Ohren mit den Handinnenflächen gedrückt und dann die

Hände abrupt weggezogen. Dies wird ein Dutzend Mal wiederholt. Dann wird die Ohrmuschel zwischen Daumen und Zeigefinger gehalten und 20 Mal von oben nach unten gerieben und geknetet. Dasselbe wird dreißigmal mit den Ohrläppchen durchgeführt, bis diese heiß werden. Häufiges Üben fördert den Hör-sinn.

Drücken der Augenbrauen

Mit der Dorsalseite der beiden Daumengelenke werden die beiden Augenbrauen von innen nach außen gedrückt und gerieben. An den Punkten sollte ein leichtes Druckgefühl auftreten. Dies wird 5-10mal wiederholt. Häufiges Üben fördert das Sehen und erfrischt den Geist.

„Trockenes Bad"

Diese Massagetechnik für Muskeln und Gelenke wird am ganzen Körper über Brust, Bauch zu den Extremitäten hin ausgeführt, wie wenn man sich waschen würde.

1. „Baden" der Arme

Die Massage beginnt an der Innenseite des Handgelenks und führt entlang der medialen Seite des Armes nach oben bis zur Schulter und dann entlang der lateralen Seite wieder zurück zur Hand. Diese wird 10 bis 20mal wiederholt, wobei die rechte Hand den linken Arm und die linke Hand den rechten Arm massiert. Dalls in irgendeiner Region des Arms Schmerz oder eine Schwellung auftritt, wird an dieser Stelle die Massage verstärkt. Diese Methode reguliert die Leitbahnen, verbessert die Beweglichkeit der Gelenke und beugt Gelenkschmerzen im Arm vor.

2. „Baden" der Brust

Mit der linken Hand wird vom oberen Teil der linken Brust diagonal nach unten zur rechten Rippenregion knetend massiert, dann wieder zurück zum Ausgangspunkt. Dies wird 5-6mal wiederholt, bevor dasselbe mit der rechten Hand, beginnend am oberen Teil der rechten Brust diagonal abwärts zur linken Rippenregion und zurück für weitere 5-6mal durchgeführt wird. Diese Methode reguliert das QI und beseitigt die Steifheit der Rippen.

3. „Baden" des Bauches

Mit beiden Händen wird eine handbreit oberhalb des Bauchnabels begonnen und abwärts zum Unterbauch knetend massiert. Die linke Hand führt Bewegungen im Uhrzeigersinn, die rechte Hand Bewegungen gegen den Uhrzeigersinn aus. Dies wird 10-15mal wiederholt. Diese Technik fördert die Peristaltik des Verdauungstrakts und die Verdauung und Absorption.

4. Knetende Massage des unteren Rückens

Die Hände werden aneinander gerieben, bis sie warm werden. Dann wird der untere

Rücken schrittweise von der Hüftlinie nach unten zum Steißbein und dann zurück zur Hüftlinie reibend massiert. Dies wird 20mal wiederholt. Diese Methode hilft, die Niere zu stärken und den unteren Rücken zu schützen.

5. „Baden" der unteren Extremität

Diese Massage wird in drei Teile eingeteilt: Massage des Oberschenkels, Massage der Knie und Massage des Unterschenkels.

a) Knetende Massage des Oberschenkels:

Der Oberschenkel wird straff zwischen beiden Händen gehalten. Die Massage wird kraftvoll nach unten zum Knie und zurück zum Ende des Oberschenkels durchgeführt. Dies wird 20mal wiederholt.

b) Knetende Massage der Knie:

Die Hände werden mit der Handinnenfläche auf die Knie gelegt und dann knetend 10 bis 20mal um die Knie herum bewegt. Falls Schmerzen in den Kniegelenken auftreten, wird die Massage fortgesetzt, bis sich die Haut heiß anfühlt.

c) Knetende Massage der Unterschenkel

Der Unterschenkel wird mit beiden Händen straff gehalten. Dann wird vom Knie beginnend abwärts bis zum Fußgelenk und zurück zum Knie 20mal für jedes Bein knetend massiert.

Das "trockene Bad" sollte mit dosierter Kraft angewandt werden, so dass sich die Haut heiß anfühlt, aber nicht schmerzt. Falls in einer bestimmten Region oder in einem Gelenk Schmerz auftritt oder eine Arthritis besteht, sollte die Kraft der Massage entsprechend der individuellen und aktuellen Situation angepasst werden. Falls eine Schwellung oder Entzündung der Extremitäten oder Brust besteht, sollte die Massage mit Vorsicht durchgeführt werden.

Rückenmassage

Eigenmassage durch Abklopfen:

Die Hände werden zur Faust geballt und hinter dem Rücken gehalten. Man beginnt in der Nähe des Iliosakralgelenks. Das Abklopfen erfolgt entlang der Wirbelsäule bis zum höchsten erreichbaren Punkt der Wirbelsäule und zurück zum Iliosakralgelenk. Das Abklopfen wird mit leichter Intensität durchgeführt und 5-10mal wiederholt. Die Massage stärkt das Herz und reguliert den Blutdruck.

Knetende Massage des Rückens

Diese Technik kann während eines Bades ausgeübt werden. Ein nasses oder ein weiches, trockenes Handtuch wird über den Rücken gelegt, so dass ein Ende über die Schulter und das andere über die Lumbodorsalregion hinausragt. Beide Enden des Handtuchs werden mit den Händen gehalten, dann wird das Hand-tuch wie eine Säge über den Rücken bewegt, bis sich der Rücken heiß anfühlt.

Knetende Massage der Fußsohle

1. Trockenes Kneten:

Ein Bein wird über das andere gelegt, so dass die Fußsohle aufwärts zeigt. Eine Hand hält die Zehen, während der Daumen der anderen Hand den Punkt in der Mitte des Ballens massiert. Dies wird 90malwiederholt, bis die Fußsohle heiß wird. Eine häufige Massage tonisiert den Verstand, stärkt die Nieren und regt den ganzen Körper an. Diese Massage kann morgens und abends durchgeführt werden.

2. Feuchtes Kneten:

Beide Füße werden kurz in heißes Wasser gehalten. Die Temperatur des Wassers soll gerade erträglich sein. Dann werden die Fuß-sohlen gegeneinander gehalten und beide Füße gleichzeitig mit dem Daumen massiert.

Diese Massagetechnik fördert die Intelligenz, beruhigt den Geist, fördert die Blutzirkulation und beseitigt Stauungen in den Leitbahnen.

Darm Gesundheit

Alle hömöopathischen Mittel die über eine Reizung der Geschmacksrezeptoren (meist bitterer Geschmack) reflektorisch zu einer Anregung der Magensaftsekretion wie auch der Magenbeweglichkeit führen sind geeignet Magen und Darm Beschwerden zu lindern.

Da oft jedoch Fehlverdauung und Fehlbesiedlung mit Bakterien im Magen und Darm Trakt vorliegen sollte im Rahmen einer Diagnostik geprüft werden ob eine Substitution hier Sinn macht.

Von besonderem Interesse sind in diesem Zusammenhang verschiedene Aminosäuren, die Vitamine D, B3, B6, B12 und C sowie das Element Zink und Selen.

Das Spurenelement Zink ist nicht nur aufgrund seiner schleimhautschützenden Eigenschaften bedeutsam, sondern wird auch zur Produktion von Salzsäure sowie zur Produktion der eiweißspaltenden Eiweißenzyme benötigt.

Vitamin C–Mangel führt zu einer verminderten Aktivität des aminosäurehaltigen Peptidhormons Gastrin. Bei einem Mangel an

Magensäure entwickelt sich oft eine unzureichende Eiweißverdauung, woraus das Risiko einer unzureichenden Versorgung mit Aminosäuren resultiert. Oft ist auch durch zahlreiche entzündliche Prozesse oder der Verlangsamung der Magen-Darm Tätigkeit, eine Fehlbesiedlung mit Bakterien vorliegend, so ist die Einnahme von Probiotischen Bakterien sinnvoll.

Flohsamen sowie Chiasamen und Heilerde regulieren viele Magen und Darmstörungen ganz natürlich. Die gute alte Moro Suppe ist bei jedem anrollenden Infekt meine erste Hilfe. Dazu koche ich 500 gr. Karotten mit 2 L Wasser bis auf ein halben Liter runter, püriere dann alles und würze mit Salz, fülle auf ca. ein Liter auf und koche alles nochmal durch. Diese Suppe bindet Bakterien und sogar Viren an sich und leitet diese aus dem Körper. Ich habe damit oft aufkeimende Infekte im Ansatz weg bekommen.

Kräuter gegen kleine Befindlichkeitsstörungen

Teerezepte „Infektabwehr"

Zubereitung: 1 – 1,5 cm von einer Ingwerknolle abschneiden und zerkleinern

in 0,5 l Wasser für 30 Minuten – 45 Minuten köcheln

gegebenenfalls den Saft von 1/2 bis 1 Zitrone hinzugeben

nach Bedarf mit Honig süßen.

Diese Abkochung über den Tag verteilt trinken (immer warm, nie kalt).

Falls der Tee zu als zu scharf empfunden wird, kann er mit Wasser verdünnt werden.

Holunder- Lindenblüten-Tee

Rezept:

Holunderblüten 25 g

Lindenblüten 25 g

Dosierung: 1 – 2 Teelöffel mit 150 ml (1 Tasse) kochendem Wasser übergießen, 10 Minuten ziehen lassen. Mehrmals täglich eine Tasse trinken.

Tee „ Schlaf"

Chinesische Kräuterheilkunde

Abkochung aus Weizen, Süßholz und Datteln

Rezept: geschälter Weizen 100 g

Süßholzwurzel 10 g

Chinesische Datteln (Jujuben) 45 g

Zubereitung: alle Bestandteile in 500 ml Wasser für 30 Minuten auskochen und jeweils die Hälfte morgens und abends einnehmen.

Wassermelonensaft

Zubereitung: 500 g Wassermelone (möglichst mit rotem Fruchtfleisch) auspressen und den Saft in kleinen Schlucken abends einnehmen.

Vorsicht: nicht anwenden bei Neigung zu Durchfällen

Teerezept zur allgemeinen Stärkung

Walnüsse mit Ingwer

Wirkung: Walnüsse wirken kräftigend bei Kurzatmigkeit und Schwäche mit Schwindelgefühl. Nicht anwenden bei Durchfallneigung, da Walnüsse die Verdauung anregen können.

Ingwer wirkt allgemein wärmend und durchblutungsfördernd.

Zubereitung: 15 g Walnusskerne und 3 g frischen Ingwer zerkleinern oder zerkauen und langsam schlucken. Diese Menge jeweils morgens und abends einnehmen.

Weißdorn-Rosmarin-Tee

Wirkung: kräftigend bei Schwäche und Erschöpfungszuständen;

Rezept: Weißdornblüten 50 g

Rosmarinblätter 50 g

Dosierung: 150 ml (1 Tasse) kochendes Wasser über 2 Teelöffel gießen, 10 Minuten ziehen lassen. 2 – 3 Tassen täglich trinken. Behandlungsdauer: kurmäßig über 6-8 Wochen.

Teemischungen zur Behandlung von Hitzewallungen und innerer Unruhe.

Melissenblätter 30,0 gr

Johanniskraut 30,0 gr

Frauenmantelkraut 20,0 gr

Hopfenzapfen 10,0 gr

Teemischung zur Verbesserung der Verdauung

Tausendgüldenkraut 40,0 gr

Schafgarbe 40,0 gr und

Pfefferminze 30,0 gr

1 Teelöffel auf 1 Tasse, vor dem

Essen kalt oder lauwarm trinken.

Teemischung zur Entgiftung und Verbesserung der Verdauung

Brennnesselkraut 40,0 gr

Löwenzahnwurzel und Kraut 40,0 gr

Birkenblätter 40,0 gr

Mariendistelfrüchte 30,0 gr

Pfefferminzblätter 30,0 gr

Ringelblumenblätter 20,0 gr

Dosierung und Art der Anwendung:

1 Esslöffel auf 250 ml, 10 Minuten ziehen lassen, 2 Tassen pro Tag trinken;

Nicht länger als 6-8 Wochen anwenden

Teemischung zur Entgiftung und zum Fasten

Grüner Hafertee oder Fencheltee in Entlastungs- oder Fastenzeiten 1L pro Tag.

Naturmittel die hilfreich sein können

Diese Präparate sollten möglichst unter ärztlicher Anleitung/Überwachung eingenommen werden, da teilweise Wechselwirkungen mit anderen Medikamenten nicht auszuschließen sind.

• Curcuma, Beifuß und Weihrauch

• Propolis - ein Stoff mit entzündungshemmenden Eigenschaften, der von Bienen produziert wird - kann als Mundspülung oder Gurgellösung verwendet werden. Vorsicht: Bienen-Allergiker dürfen damit nicht behandelt werden.

• Kalte Halswickel, die mit Quark oder Zwiebeln kombiniert werden können.

• warme Wickel mit geriebenem Ingwer zur Anregung von Leber oder Niere

- Capsaicin, ein Inhaltsstoff der Pfefferart Capsicum annuum, wirkt schmerzlindernd und ist als Salbe oder Schmerzpflaster hilfreich.

- Ingwertee, ein Mittel aus der Traditionellen Chinesischen Medizin, steigert die Durchblutung in der Körperperipherie und führt zu einem allgemeinen Wärmegefühl.

Individuelle Kräutertherapie

Nach der traditionellen chinesischen Medizin, der allgemeinen Naturheilkunde oder der anthroprosophischen Medizin ist nur nach individueller Diagnose und Therapie möglich. Adressenfinden sich im Anhang.

Nachwort

Das Letzte Wort – oder Nie den letzten Löffel abgeben!!

Puh -, schon fertig!

Ich hoffe ich habe euch nun nicht erschlagen, aber wie gesagt dieses Buch ist ein Arbeitsbuch, zerfleddert es tüchtig und nutzt es, macht „Eselsohren" rein und reißt wenn nötig Seiten raus und steckt sie in euren Kalender, schmiert richtig drin rum und helft euch so gut es eben geht selbst, denn es wird kein Arzt oder kein Therapeut so effektiv können wie ihr selbst!!!

Dennoch gebt die Suche nach guten Ärzten und Therapeuten nicht auf, denn es lohnt sich und man trifft wirklich nur einige wenige aber die arbeiten mit ganz viel Hingabe und Engagement in diesem Beruf und man kann diesen Einsatz eigentlich gar nicht genug entlohnen!

Ich danke an dieser Stelle nochmal allen die mir bei der Erstellung dieses Buches geholfen haben!!

Vor allem danke ich meiner „Selbsthilfegruppe" „autoimmunes Leben" bei Facebook!! Ihr habt mir wirklich durch viele tiefe Täler geholfen und es geschafft, das ich mich nie „allein" gefühlt habe.

Vor allem habt ihr mir über die traumatischen „Gutachter Termine" mit der nötigen Portion Humor hinweg geholfen.

Mein besonderer Dank gilt folgenden Ärzten und Professoren, die sich bemüht haben, mehr Licht in meine zunächst rätselhafte Erkrankung zu bringen und durch die ich endlich eine sichere Diagnose erhalten habe und nunmehr auch die richtigen Therapien ergriffen werden konnten:

-Professor Moldering, Universität Bonn

-Professor Kramer, Universität Ulm und Paracelsus Krankenhaus Bad Liebenzell

-Dr. Frerix, ehemals Kerckhoff Klinik Bad Nauheim

-Dr. Janzen; Bad Homburg

-meine liebe Hausärztin, Dr. Gräff, Rodheim - Roßbach

Anhang

Adressen, Links und Hilfreiche Webseiten

Seltene Erkrankungen, Notfall Leitlinien; Selbsthilfegruppen und Forschungen bzw. Möglichkeit an Studien zu den Erkrankungen teilzunehmen

Orphan Net; http://www.orpha.net/consor/cgi-bin/index.php

Selbsthilfekontaktstellen sind in jeder Stadt/Landkreis zur weiteren Vermittlung über die Stadt bzw. den Lankreis zu ermitteln.

Mastzellenaktivierungs Erkrankungen; Reizdarmsymptome und Nahrungsmittel- bzw. Medikamentenunverträglichkeiten ohne zunächst erkennbare Ursachen;

https://www.ukb.uni-bonn.de/42256BC8002AF3E7/vwWeb-PagesByID/0D60C0D6EC4925A2C12572CD003D0A24

Carstens Stiftung; Infos zu Komplementären Therapien, Krankenhäuser mit naturmedizinischer Behandlung unter dem Stichwort „Ordnungstherapie" werden über die Krankenkassen hier komplementärmedizinische Konzepte angeboten; http://www.carstens-stiftung.de/

Antroprosophische Kliniken; http://www.anthro-kliniken.de/ Möglichkeit im Rahmen einer Einweisung in eine der darunter genannten Akutkliniken eine sehr gute Behandlung und sehr gute Diagnostik zu erhalten.

DreiPauly; Onlineshop mit günstigen und guten Produkten für Allergiker, sowie Rezepten und sehr guten Informationen; http://www.3pauly.de/?_ga=1.197680815.1833473617.146295 8582

Caressima; Bezugsquelle für Nahrungsergänzung; info@mcp-vertrieb.de

Rheinhildis apo; Bezugsquelle für Nahrungsergänzung und pflanzliche Medizin sowie Kräuter; http://www.heilkraft-der-natur.de/

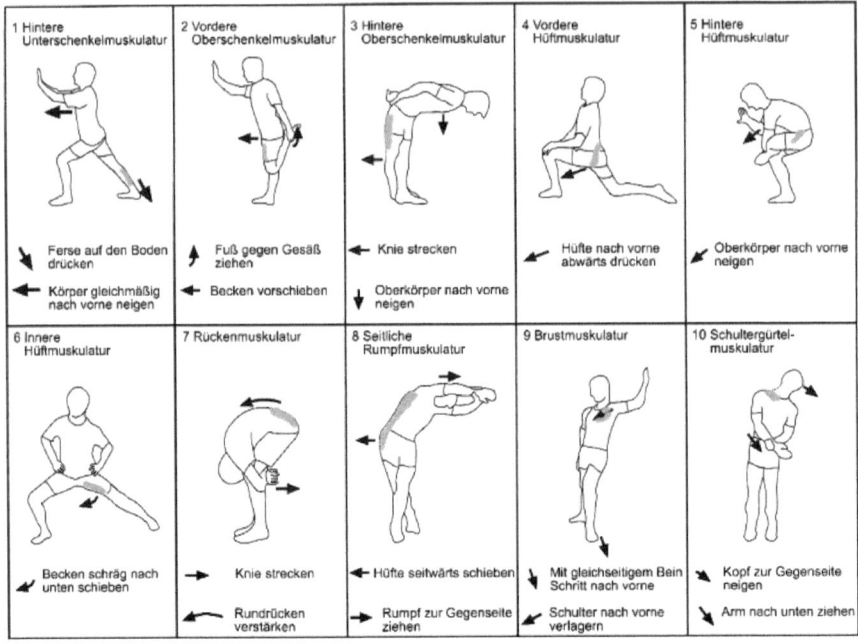

1 Hintere Unterschenkelmuskulatur	2 Vordere Oberschenkelmuskulatur	3 Hintere Oberschenkelmuskulatur	4 Vordere Hüftmuskulatur	5 Hintere Hüftmuskulatur
Ferse auf den Boden drücken	Fuß gegen Gesäß ziehen	Knie strecken	Hüfte nach vorne abwärts drücken	Oberkörper nach vorne neigen
Körper gleichmäßig nach vorne neigen	Becken vorschieben	Oberkörper nach vorne neigen		

6 Innere Hüftmuskulatur	7 Rückenmuskulatur	8 Seitliche Rumpfmuskulatur	9 Brustmuskulatur	10 Schultergürtel-muskulatur
Becken schräg nach unten schieben	Knie strecken	Hüfte seitwärts schieben	Mit gleichseitigem Bein Schritt nach vorne	Kopf zur Gegenseite neigen
	Rundrücken verstärken	Rumpf zur Gegenseite ziehen	Schulter nach vorne verlagern	Arm nach unten ziehen

Stretching

Plyometische Übuse

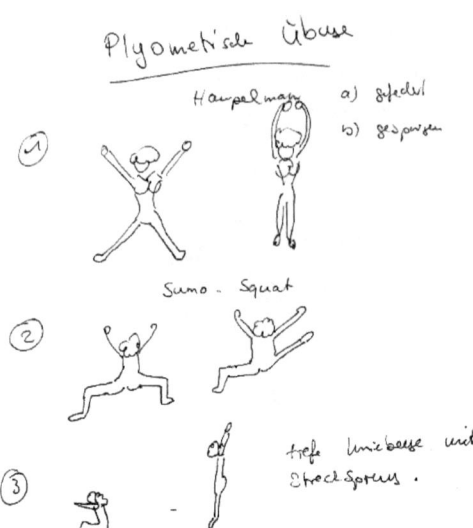

Hampelman   a) gestreckt
             b) gesprungen

①

Sumo - Squat

②

③   -   tiefe Kniebeuge mit
            Streck Sprung.

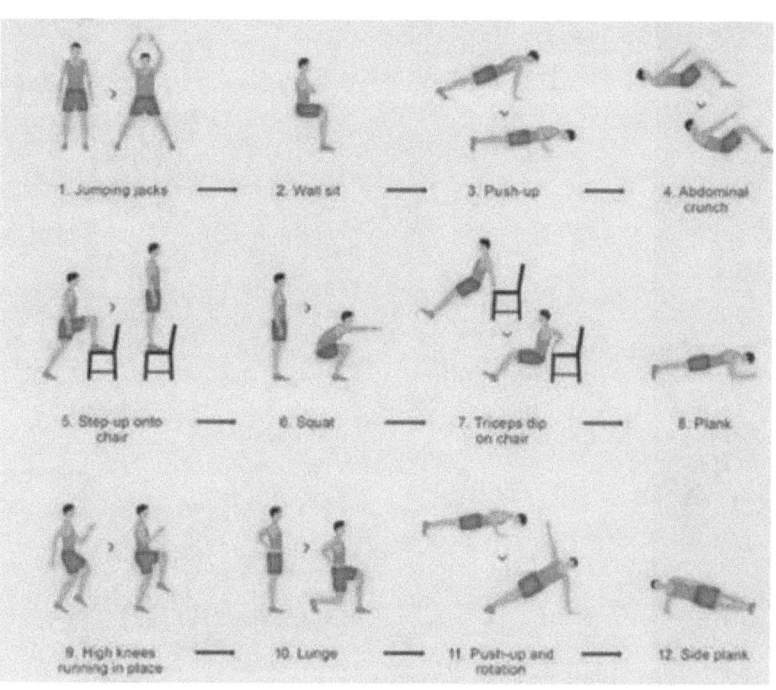

1. Jumping jacks — 2. Wall sit — 3. Push-up — 4. Abdominal crunch

5. Step-up onto chair — 6. Squat — 7. Triceps dip on chair — 8. Plank

9. High knees running in place — 10. Lunge — 11. Push-up and rotation — 12. Side plank

Kräftigung

① Planke

② tiefe Kniebeuge

③ Käfer

④ Lunge

⑤ Dip

⑥ bicyle

⑧ bridge

⑨ Flieger

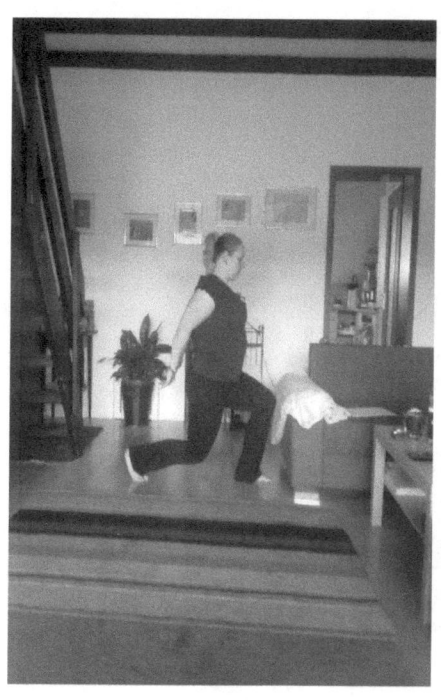

Zeitfracht Medien GmbH
Ferdinand-Jühlke-Straße 7
99095 Erfurt, Deutschland
produktsicherheit@kolibri360.de